RECLAM-BIBLIOTHEK

Mystische Lehren versuchen die Quadratur des Kreises: im endlichen und eingebundenen Leben zugleich eins zu werden mit dem Unendlichen, Grenzenlosen. Ihr Ziel ist die leidenschaftliche Begegnung der menschlichen Seele mit Gott.

Uta Störmer-Caysa, Mediävistin an der Universität Erlangen, entfaltet die Fragen, die die Mystik auf die Tagesordnung des europäischen Denkens gesetzt hat. Vorgestellt werden die Vernunftmystik, die Stufen zur Unio mystica, die Ideen einer spirituellen Leiblichkeit und die Lebenskonzepte von Mechthild von Magdeburg, Meister Eckhart, Johannes Tauler, Heinrich Seuse und anderen.

Uta Störmer-Caysa

Entrückte Welten

Einführung in die mittelalterliche Mystik

RECLAM VERLAG LEIPZIG

ISBN 3-379-01634-9

Reclam-Bibliothek Band 1634
1. Auflage, 1998
Reihengestaltung: Hans Peter Willberg
Umschlaggestaltung: Kay Krause und Alexander Fleischmann, Leipzig, unter Verwendung der Abbildung »Die Weltkräfte«, Liber Divinorum Operum um 1240; Ms. 1942, Lucca, Biblioteca Statale
Gesetzt aus Meridien
Satz: Peter Conrad, Brandis
Druck und Bindung: Ebner Ulm
Printed in Germany

Inhalt

Vorfragen

Was tun Mystiker?

Der Predigermönch Johannes Meyer (1422–1485), der 1468 eine Ordenschronik abgeschlossen hat, beschreibt das Gebaren einer Dominikanerin im Kloster Unterlinden so:

> »Ihr war das Amt auferlegt, daß sie der Radnerin und der Unterschaffnerin rechnen und schreiben helfen sollte und ähnliches, was sie durch ihre große In-sich-Gekehrtheit und Andacht nicht gut ausführen konnte, weil sie darüber verzückt wurde, so daß man ihr diese äußeren Ämter wieder abnehmen mußte. Es ergab sich oft so, daß sie wegen ihrer großen Liebe und Andacht, die sie zum lieben Herrgott hatte, so sehr und oft verzückt wurde, besonders zu Tisch und zu der Zeit, wenn sie die heiligen Sakramente empfangen hatte.«[1]

Auch wenn diese Nonne vielleicht für ihre Gnadenerlebnisse bewundert worden ist: Ihre Arbeit mußten andere tun, und der Bericht klingt, als habe das nicht nur Freude ausgelöst. Die Außensicht auf mystische Zustände war auch unter den Zeitgenossen offenbar sehr sachlich.

Außensichten auf einen Mystiker können aber auch ganz anders ausfallen:

> »Fürwahr, mit Schmerz tun wir kund, daß in dieser Zeit einer aus deutschen Landen, Eckhart mit Namen, und, wie es heißt, Doktor und Professor der Heiligen Schrift, aus dem Orden der Predigerbrüder, mehr wissen wollte, als nötig war, und nicht entsprechend der Besonnenheit und nach der Richtschnur des Glaubens,

1 Johannes Meyer O. P.: Buch der Reformacio Predigerordens, IV. und V. Buch, hg. von Benedictus Maria Reichert. Leipzig 1908, S. 59 (aus Kap. V,14), übersetzt.

weil er sein Ohr von der Wahrheit abkehrte und sich Erdichtungen zuwandte. Verführt nämlich durch jenen Vater der Lüge, der sich oft in den Engel des Lichts verwandelt, um das finstere und häßliche Dunkel der Sinne statt des Lichtes der Wahrheit zu verbreiten, hat dieser irregeleitete Mensch, gegen die helleuchtende Wahrheit des Glaubens auf dem Acker der Kirche Dornen und Unkraut hervorbringend und emsig beflissen, schädliche Disteln und giftige Dornsträucher zu erzeugen, zahlreiche Lehrsätze vorgetragen, die den wahren Glauben in vieler Herzen vernebeln, die er hauptsächlich vor dem einfachen Volke in seinen Predigten lehrte und die er auch in Schriften niedergelegt hat.«

Das ist ein Stück aus der 1329 erlassenen päpstlichen Verurteilungsbulle gegen Meister Eckhart.[2] Eckhart will danach angeblich wissen, was zu wissen nicht nötig ist, und er hat Menschen durch seine deutschen Predigten »vernebelt«.

Wie kommt es, daß zwei so unterschiedliche Beschreibungen gleichermaßen unter den Begriff »Mystik« fallen? Im Nachdenken darüber muß man sich auf die Innensichten einlassen. Für die folgenden Überlegungen eine Einschränkung vorweg: Was ein Mystiker wollte oder dachte, also die Innensicht, läßt sich nur erschließen, wenn er es aufgeschrieben hat. Allein daß er auch erlebt hat, was er als erlebt aufschrieb, kann man nicht mehr mit gutem Gewissen behaupten, denn es könnte ja einem Vorbild entlehnt und eine reine Formel sein.

2 Die Übersetzung von Kurt Ruh aus: Kurt Ruh: Meister Eckhart. Theologe – Prediger – Mystiker. 2. Aufl. München 1989, S. 184f. Originaltext der Bulle »In agro dominico«, hg. von Heinrich Denifle O. P. In: Archiv für Literatur- und Kirchengeschichte des Mittelalters, Bd. 2 (1886), S. 637f.

Wovon handeln mystische Texte?

Die mittelalterliche Mystik denkt immer wieder und unter verschiedenen Aspekten über ein Thema nach: Warum und wie geschieht es, daß manche Menschen außerhalb der sakramentalen Anlässe mitten in ihrem irdischen Leben auf Gott treffen? Das unbegreifliche Einssein mit Gott sieht nahezu jeder und jede anders; es wird beschrieben als Hochzeit der Seele, als Zustand übermenschlicher Einsicht, als völliges Ergriffensein vom göttlichen Willen oder als ganz und gar unaussprechlich. In der Sekundärliteratur wird dieser Zustand häufig *unio mystica* genannt, das bedeutet »geheimnisvolle Vereinigung« (mit Gott). Der Begriff gibt verkürzt wieder, wie ein im Mittelalter sehr beliebter Autor aus dem 5. Jahrhundert das außergewöhnliche Verhältnis des alttestamentlichen Moses zu seinem Gott beschrieben hat.[3] In den mittelalterlichen mystischen Texten ist der Begriff *unio mystica* selten, vielmehr finden die Autoren oft eigene, schöne Bilder für das Einssein mit Gott.

Die Vereinigung mit Gott kann der Mensch nach Ansicht der Mystiker nicht erzwingen. Sie wird ihm geschenkt oder nicht geschenkt. Allerdings kann und soll er sich vorbereiten, um des Geschenks würdig zu sein. Bei manchen Mystikern, z. B. bei Heinrich Seuse (um 1295 bis 1366), liest man von extremen asketischen Übungen und Selbstkasteiungen. Die leitende Frage solcher Selbstexperimente, die Leben und Gesundheit durchaus in Frage stellten, war immer: Wie überschreite ich meine Grenze zum Absoluten? Es galt vielen als ausgemacht, daß sie ein kurzes Leben mit Gnadenerlebnissen und der Aussicht auf ewige Seligkeit einem langen, langweiligen und mittelmäßigen allemal vorziehen würden. Selbstmord galt als Todsünde, die gewaltsame Beschleunigung des eigenen Verfalls durch übertriebene Kasteiung jedoch

3 Dionysius Areopagita: De mystica theologia I,3, vgl. unten S. 60–70.

eher als vorbildlich. Die Versuche der Grenzgänger, die sich in diesem äußerlichen Sinne am Übergang ins Absolute abmühten, blieben – übrigens wie heute, auch wenn solche Versuche heute anders, z. B. Extremsport, genannt werden – selten ohne Publikum, sie hätten vielleicht ohne Publikum gar nicht stattgefunden.

Aber es gab auch andere Mystiker, solche, die die Einheit mit Gott vor allem als Heraustreten aus allem Vertrauten verstanden: Ich darf nicht mehr ich sein, ich darf meine Familie nicht mehr lieben, darf nicht mehr für richtig halten, was ich immer für richtig hielt, darf nicht mehr wollen, was ich immer wollte – ich muß so sein, wie ich wäre, wenn ich nicht ich wäre, aber auch niemand anders. Dann bin ich wie der Mensch schlechthin, und so war Christus, der Gott als Mensch. Zu dieser experimentellen Einübung in die reine Menschennatur konnte Körperquälerei nichts Wesentliches beitragen.

Wie sie auch dachten und empfanden, wo sie Gott auch suchten: Alle Mystiker wollten hinter den Vorhang spähen, der in der Welt der Eigenschaften das Sein selbst zuhängt.

Weltfremde Schwärmer?

Sich von geliebten Dingen und geliebten Gedanken zu lösen, fordern fast alle mystischen Lehrer. Daß die Welt mit ihren Bindungen und Konfrontationen nicht mehr wichtig sein dürfe, sobald es um Gott geht, ist ohnehin eine Grundüberzeugung christlicher Lebenslehre. Man könnte deshalb annehmen, die Mystiker seien nicht an der Wirklichkeit interessiert und würden sich ihr so wenig wie möglich aussetzen. Im Sinne eines spirituellen Leitbildes hielten das wohl auch die meisten für die richtige Haltung. Die historischen Zeugnisse und die Texte der Mystiker zeigen jedoch auch das genaue Gegenteil. Eine spezifische Lebens- und Charakterprägung durch Mystik zu vermuten ist offenbar falsch. Sich einzumischen, besonders wenn es um Bildungs- und Kulturpolitik ging, schien auch Mystikern nötig; mit Kirchenpolitik waren sie unter Umständen ohnehin amtlich befaßt. Diese »Öffentlichkeitsarbeit« konnte durchaus in ein Spannungsverhältnis zur Aussage der mystischen Texte geraten. Zwei Beispiele aus unterschiedlichen Jahrhunderten mögen zeigen, daß der Weg zur Vollkommenheit für die Mystiker mitten durch die Welt führte.

Bernhard von Clairvaux (1090–1153) hat über das Hohe Lied gepredigt, also über Liebeslieder. Diese waren in der jüdischen Tradition als Gleichnisrede für die Liebe zwischen Israel und seinem Gott in den Kanon der heiligen Schriften aufgenommen worden. Bernhard legte den alttestamentlichen Text wie vor ihm der spätantike Theologe Origenes (gest. 253/54) so aus, daß der Geliebte Gott sei, die liebende Frau die Seele. Damit hat er die Brautmystik für das europäische Mittelalter erfunden.[4] Er hat Kluges und Folgenreiches über die Liebe geschrieben, z. B. daß die Nächstenliebe die Eigenliebe begrenzt und daß ohne einen vorgängigen transzendenten Liebesimpuls (Gottesliebe) weder Selbstliebe noch Nächstenliebe möglich sei.[5] In diesem Sinne hat Dante Alighieri Bernhard in der »Göttlichen Komödie« (XXXI,61f.) auftreten lassen: als verläßlichen Führer zu Gott dort, wo der Verstand aussetzt und nicht weiterkommt. Auch im Leben muß Bernhard eine charismatische Persönlichkeit gewesen sein: Als seit 1110 in dichter Folge dreißig junge Männer aus vornehmen burgundischen Familien (Bernhard mit vier Brüdern und 25 Freunden) im Kloster Cîteaux (lat. *cistercium*, daher der Ordensname Zisterzienser) ein-

4 Dazu vgl. das Kapitel »Die Sinne der Seele«.

5 De diligendo Deo (Über die Gottesliebe) Kap. VIII,25. Bernhard v. Clairvaux: Sämtliche Werke lat./dt., hg. von Gerhard B. Winkler. Bd. 1, Innsbruck 1990, S. 74–151, hier S. 115f. (lat. Orig. S. 114f.). Vgl. Kurt Ruh: Geschichte der abendländischen Mystik. Bd. I: Die Grundlegung durch die Kirchenväter und die Mönchstheologie des 12. Jahrhunderts. München 1990, S. 231.

traten, stellten sie sich an die Spitze einer noch nicht anderthalb Jahrzehnte bestehenden Reformbewegung, die aus dem Benediktinerorden hervorgegangen war. Es war nicht die erste (vom Kloster Cluny war bereits im 11. Jahrhundert eine bedeutende Klosterreform ausgegangen),[6] aber eine kulturgeschichtlich außerordentlich folgenreiche: Die Zisterzienser siedelten seitdem überwiegend im *eremos,* in der Einöde. Sie erfanden den neuen Stand der Laienbrüder (weniger Bedingungen an Geld und Stand beim Eintritt, weniger geistliche Pflichten und Rechte, Pflicht zur Handarbeit) und machten mit deren Muskelkraft die Einöde urbar; nebenbei erprobten sie sich mit erstaunlichem Erfolg in allerlei damals modernen Wirtschaftsunternehmungen. Bernhard hatte die Reform nicht angefangen, aber als er dabei war, nahm sie erst recht Gestalt an. Er konnte begeistern und durchsetzen. Mit 25 hatte er als Abt sein Kloster, Clairvaux; mit 35 de facto seinen Orden; mit 45 beherrschte er unausgesprochen dessen Dependancen in ganz Europa, die bereits zu Reichtum gekommen waren. Mit 55 predigte er den beinahe allein von ihm erfundenen 2. Kreuzzug – und bekam ihn 1147 (freilich nicht dessen Erfolg, denn als mi-

6 Cluny in Burgund wurde 908 als Benediktinerkloster gegründet. Das Kloster legte die Ordensregel so aus, daß die geistigen und geistlichen Tätigkeiten der Mönche (Liturgie, Chorgebet, Beschäftigung mit Bibel und Theologie) wichtiger seien als die Handarbeit. Zu dieser Auffassung von Mönchtum trat im 11. Jahrhundert das Eintreten gegen das Eigenkirchenwesen: Ein Stifter hatte bis dahin ungebrochenes Eigentumsrecht an der Kirche auf seinem Grund. Ihm flossen alle Einkünfte zu, er konnte die Kirche verkaufen oder verschenken. Damit wurden die Geistlichen faktisch unfrei und die Befugnisse der Bischöfe gemindert. Beide Anliegen gemeinsam, geistiges Mönchsleben und Wendung gegen das Eigenkirchenwesen, machen den Kern der cluniazensischen Reform des 10. und 11. Jahrhunderts aus. Die von Cluny aus reformierten Benediktinerklöster blieben mit dem Mutterkloster vernetzt. Eine solche zentralistische Struktur gab es zuvor unter Klöstern nicht.

litärisches Unternehmen kam der Kreuzzug einer Selbstvernichtung des Heeres gleich). Dieser charismatische Bernardus redet und handelt in mildem Licht, wenn es um die Liebe zu Gott und zum Nächsten geht; er steht in gewaltigem und gewalttätigem Feuer, wenn ihn der verleugnete Haß auf die Heiden und Ketzer ergreift; aber er hetzt verkrümmt aus dem dunkeln Abseits, wenn er damit den Lebensanspruch der Vernunft zu treffen hofft. Denn Vernunft, insbesondere Vernunft als lebensleitendes und glaubensbegründendes Prinzip, war Bernhards Sache nicht. Sein größter Gegner war der um gute zehn Jahre ältere und ihm als Theoretiker weit überlegene Petrus Abaelard (1079–1142), der entschieden für einen Streit mit Argumenten auch auf dem Felde der Theologie eingetreten war.[7] Abaelard will bewußt »Theologie« betreiben, eine Lehre von Gott mit wissenschaftlichem Anspruch. Die Theologen nannten ihr Fach zu seiner Zeit »Sacra Pagina«, also »Heilige Schrift«, und sie begriffen es als die Kunst der Bibelauslegung. Bernhard schreibt über Abaelard:

> »Schließlich bezeichnet er gleich am Beginn seiner ›Gotteslehre‹ *(theologia)* oder eher ›Torheitslehre‹ *(stultologia)* den Glauben als eine Meinung. So kann es darin gewissermaßen jedem freistehen zu denken und zu sagen, was ihm beliebt, und die Sakramente unseres Glaubens schwanken unsicher, in unsteten Vermutungen, statt auf sicherer Wahrheit zu fußen.«[8]

Abaelard war für Bernhard eine fleischgewordene Provokation. Einen tiefsinnigen Stotterer hätte Bernhard vielleicht verkraftet – aber einen glänzenden Redner, der außer Rhetorik und Charisma auch Vernunftgründe für

7 Grundlegend: Arno Borst: Abälard und Bernhard. In: Hist. Zeitschrift 186 (1958), S. 515–222.

8 Bernhard v. Clairvaux: Ep. 190 (Traktatbrief gegen Abaelard), übers. von Josef Schwarzbauer. In: B. v. Cl.: Sämtliche Werke lat./dt., hg. von G. B. Winkler. Bd. 3, Innsbruck 1992, S. 74–121, hier S. 91 (lat. Orig. S. 90).

seine Meinung anzuführen wußte und der, was schwerer wog, diesen Standard des diskursiven Denkens gerade für die Reden über die wichtigen Dinge auch von andern forderte – den mußte Bernhard bekämpfen. Aber er hat sich nicht überwinden können, ein würdiger Gegner zu sein; er hat intrigiert und verleumdet, den andern nicht zu Wort kommen lassen und Beschlüsse gegen ihn erwirkt; öffentlich gegen ihn disputiert hat er nicht.[9]

Zweihundert Jahre später, als Heinrich Seuse lebt (um 1295–1366), hatten sich die Sphären der Machtmenschen und der Mystiker deutlich getrennt. Die Mystiker sitzen in dieser Zeit merkwürdigerweise immer am kürzeren Hebel, selbst wenn es gar nicht um Weltpolitik geht, sondern nur um die Gestaltung einer Bildungslandschaft, wie in Köln um die Mitte der zwanziger Jahre des 14. Jahrhunderts im Inquisitionsprozeß gegen Meister Eckhart (um 1260–1328).[10] Eckhart war zu dieser Zeit der einzige Theologieprofessor der einzigen Ordenshochschule der Dominikaner im deutschen Raum. Es ging vornehmlich um Eckharts deutsche Schriften,[11] also um Dinge, die er nicht nur vor Fachkollegen geäußert hat, sondern auch vor Laien. Die Einleitung dieses Prozesses 1325 und vielleicht noch seinen ersten Höhepunkt, nämlich Eckharts öffentlichen, pauschalen Widerruf in der Dominikanerkirche in Köln,[12] hat Seuse als Eckharts Stu-

9 Vgl. Georg Misch: Geschichte der Autobiographie. Bd. 3.1, Frankfurt am Main 1959, S. 538.

10 Vgl. Winfried Trusen: Der Prozeß gegen Meister Eckhart. Vorgeschichte, Verlauf und Folgen. Paderborn [u. a.] 1988, S. 70–73.

11 Zu Eckhart ausführlicher im Kapitel »Lebenskonzepte« und im Kap. »Die Verzückungen der Vernunft«.

12 In einem Inquisitionsprozeß bestand die Gefahr, daß nicht nur Sätze oder Schriften verurteilt wurden, sondern auch deren Urheber, die als hartnäckige Ketzer galten, wenn sie bei ihrer Meinung blieben. Umgekehrt richtete ein pauschaler Widerruf (als Ausdruck des subjektiven Willens, kein Ketzer zu sein) den Prozeß vom Mann auf die Schrift. Der Prozeß bekam damit eine andere Rechtsform. Nach Eckharts Widerruf konnten also nur

dent an der Kölner Theologiehochschule des Ordens miterlebt. Seuse hatte den älteren Eckhart vielleicht schon zuvor in Straßburg kennengelernt, wo Eckhart eine Zeitlang seinen Dienstort für ein zentrales Ordensamt hatte und Seuse möglicherweise zuerst studierte. Seuse redet übrigens über sein Studium ohne jede Begeisterung,[13] aber seine Schriften verraten den gut ausgebildeten Theologen, und der wählerische Dominikanerorden machte ihn 1327 zum Lektor in Konstanz, also in dem Jahr, als Eckhart in Köln widerrief. Seuse hatte offenbar keine Freude daran, daß Eckharts Stern fiel; die Erwägung, sich an dessen angeblichen Verfehlungen durch Richtigstellung zu profilieren, muß ihm ferngelegen haben. Wenn er überhaupt etwas richtiggestellt hat, dann vielmehr, daß es ein Mißverständnis ist, Eckharts Lehren als häretisch zu hören oder zu lesen.[14] 1329 erging das abschließende Urteil im Prozeß, einige Sätze Eckharts wurden postum verurteilt. Offiziell distanzierte sich der Orden (das ging auch nicht anders), inoffiziell fanden sich besonders in den beiden deutschen Ordensprovinzen Verteidiger Eckharts. Seuses Lebensbeschreibung eines »Dieners der ewigen Weisheit«, eine idealtypische Heiligenlegende mit autobiographischen Inhalten,[15] spricht davon, daß ihm auf einem Ordenskapitel (wahr-

noch seine Schriften zensiert werden, die Gefahr des Scheiterhaufens war gebannt. Diese Sicht auf die Dinge ist noch jung und erst durch das Buch des Rechtshistorikers Trusen über den Prozeß (Anm. 10) möglich geworden.

13 Vgl. Horologium Sapientiae II,1: Heinrich Seuses Horologium Sapientiae, hg. von Pius Künzle O. P. Freiburg 1977, S. 520,4.

14 Vgl. Loris Sturleses Einleitung zur Ausgabe: Heinrich Seuse: Das Buch der Wahrheit. Krit. hg. von Loris Sturlese und Rüdiger Blumrich, mit einer Einleitung von Loris Sturlese, übers. von Rüdiger Blumrich, Hamburg 1993, S. IX–LXIII.

15 Vgl. Werner Williams-Krapp: Nucleus totius perfectionis. Die Altväterspiritualität in der »Vita« Heinrich Seuses. In: Festschrift Walter Haug und Burghart Wachinger. Tübingen 1992, Bd. 1, S. 407–421, hier S. 413.

scheinlich Trier 1332) häresieverdächtige Schriften vorgeworfen worden seien:

»Einmal fuhr er abwärts nach Norden zu einem Kapitel. Da wartete Leid auf ihn, denn es gingen dort zwei Amtsträger auf ihn los, die sich alle Mühe gaben, ihn schwer zu betrüben. Er wurde mit zitterndem Herzen vor das Gericht gestellt, und es wurde ihm vieles vorgeworfen. Ein Vorwurf davon war: Sie sprachen, er hätte Bücher gemacht, in denen falsche Lehre stünde, durch die alles Land mit ketzerischem Unflat verunreinigt würde. Deshalb wurde er sehr übel behandelt in scharfer Rede, und man drohte ihm, man werde ihm großes Leid antun, obgleich ihn Gott und die Welt darin unschuldig wußten.«[16]

Die Forschung nimmt an, daß er für sein »Büchlein der Wahrheit« abgesetzt worden ist, in dem er vorführt, wie man die verurteilten Lehren Eckharts recht (nämlich nicht als ketzerisch) verstehen müsse.[17] Auf jeden Fall ist er als Lektor in Konstanz abgesetzt worden, und er sagt im »Horologium Sapientiae« (»Stundenbuch der Weisheit«) ausdrücklich, daß ihm das nicht recht gewesen sei.[18] Auch als Prior ist er, die Umstände sind nicht ganz klar, später abgesetzt oder zumindest abgelöst worden.[19] Als ihm Ende der vierziger Jahre schließlich noch die Va-

16 »Vita«, Kap. XXXII. Heinrich Seuse: Deutsche Schriften, hg. von Karl Bihlmeyer. Stuttgart 1907, S. 68,17–25 (übersetzt). Vgl. Loris Sturlese in: Buch der Wahrheit, ed. Sturlese/Blumrich (Anm. 14), S. XVIII, Anm. 24. Nach Alois Maria Haas: Kunst rechter Gelassenheit. Themen und Schwerpunkte von Heinrich Seuses Mystik. 2. Aufl. Bern 1996, S. 10, ist es das General- und Provinzialkapitel in Maastricht 1330, auf dem der Häresievorwurf gegen Seusesche Schriften erhoben worden ist.

17 Vgl. Loris Sturleses Einleitung zur Edition Sturlese/Blumrich (Anm. 14), S. XIV–XXI. Hinweis auf das »Büchlein der Wahrheit« schon in Bihlmeyers Edition (Anm. 16), S. 68.

18 Hor. I,13, ed. Künzle (wie Anm. 13), S. 480,25–481.

19 Vgl. die Einführung von Pius Künzle zu seiner Edition (wie Anm. 13), S. 5.

terschaft an einem illegitim gezeugten Kind angehängt wurde, verlor er auch außerhalb des Ordens wichtige Bekanntschaften, die er für Freundschaften gehalten hatte.[20] Er wurde nach Ulm strafversetzt. Obgleich es so aussieht, als habe in der zweiten Hälfte seines Lebens zeitweise nur ein einziger Mensch an ihn geglaubt, nämlich seine Lieblingsschülerin Elsbeth Stagel, Dominikanerin in Töss, hat er vor seinem Tod doch eine Zusammenstellung seiner Werke angefertigt oder anfertigen lassen, eine Art Ausgabe letzter Hand. Sicher war er auch selbstgerecht: Wer kommt schon auf die Idee, sein eigenes Leben als Heiligenleben aufzuschreiben? Aber was Eckhart betraf, war Seuses Haltung zumindest ebenso dienend wie selbstbezüglich. Man könnte ein wenig Neid vermuten, aber Seuse hat sich offenbar überwunden, Eckhart nicht nur als den größeren Geist anzuerkennen, sondern auch für ihn einzutreten. Er sagt in seiner »Vita« über die Lehre, die Elsbeth Stagel ratsuchend zu ihm geführt hatte und die er wenig später als »süße Lehre des heiligen Meisters Eckhart«[21] charakterisiert:

> »In ihrem ersten Anfang wurden ihr von irgendwem hohe und intellektuelle Überlegungen beigebracht, die sehr hochfliegend waren: von der reinen Gottheit, von der Nichtigkeit aller Dinge, davon, wie man sich selbst gelassen dem Nichts überantwortet, von der Bildlosigkeit aller Bilder und von derlei Ideen, die in schöne

20 Heinrich von Nördlingen schreibt an Margaretha Ebner: *mein hertz haltet nit mer zu dem Süsen, als es etwan tet; bit got für unsz beid.* Ph. Strauch (Hg.): Margaretha Ebner und Heinrich von Nördlingen. Ein Beitrag zur Geschichte der deutschen Mystik. Freiburg/Tübingen 1882, S. 263,86–88. Vgl. die Darstellung von Alois Maria Haas: Deutsche Mystik. Heinrich Seuse. In: Geschichte der deutschen Literatur von den Anfängen bis zur Gegenwart, begr. von H. de Boor und R. Newald, Bd. III,2: Die deutsche Literatur im späten Mittelalter, hg. von Ingeborg Glier. München 1987, S. 275–291, hier S. 279.

21 »Vita« Kap. XXXIII. Heinrich Seuse: Deutsche Schriften, hg. von Karl Bihlmeyer (Anm. 16), S. 99,12 (übersetzt).

Worte gekleidet waren und dem Menschen Spaß machten. Es lag aber ein gewisser verborgener Schade dahinter für einfältige Menschen und Anfänger.«[22]

Aber immerhin: Seuse traut sich zu, die gefährdete Seele unbeschadet durch die Eckhartsche Lehre zu leiten. Darin zeigt sich, bei aller Selbsterhöhung, die auch mitschwingt, ein Bekenntnis zur theologisch anspruchsvollen deutschen (zweisprachigen) Dominikanerschule.

Bernhard von Clairvaux hatte immer auch seinen Nutzen im Auge, wenn er Gott diente; Heinrich Seuse fühlte sich zum Dienst am als recht Erkannten auch noch verpflichtet, als es ihm deutlich schadete.

22 Ebd., S. 97,10–16.

Ein Kapitel Geschichte

Mystik für Kloster und Schule: das 12. Jahrhundert

Die Mönchsorden hatten von alters her einen bestimmten Bestand an meditativen Techniken, die der Selbstbesinnung und der Zentrierung des Lebens auf Gott dienten. Dazu gehörte das Gebet an ursprünglich sieben (später fünf) Zeiten des Tages, ungefähr alle drei Stunden (im Winter weniger) vom ersten Morgengrauen bis nach Sonnenuntergang; dazu zählte ein geregelter Wechsel von Einsamkeit und Gemeinsamkeit. Schließlich war auch der Umgang mit Texten eine Meditationsübung: das Hören und Memorieren wie das Lesen, Abschreiben und Erlernen. Das hat die Klöster besonders der Benediktiner, des ältesten europäischen Ordens, schon im Frühmittelalter zu einer kulturprägenden Macht werden lassen, und es hat früh dazu geführt, daß nicht nur der Bibeltext, sondern auch wissenschaftliche Texte – natürlich besonders theologische, aber nicht nur diese – gelesen wurden mit dem ständigen Gedanken: Was fange ich in meinem Leben damit an? Was hat das mit meiner Seligkeit zu tun?; und es war nur eine Frage der Zeit, bis Schriften entstanden, die den Mönchen genau erklärten, wie sie ihr meditatives Leben im einzelnen gestalten könnten. Das Thema wurde in jeder Epoche wieder neu formuliert, als wäre es nie behandelt worden, denn jede neue klösterliche Reformbewegung war durch Jahrzehnte oder gar durch ein Jahrhundert und mehr von der vorigen getrennt, so daß das gottgefällige Leben und die spezifischen Ratschläge an die Mönche immer wieder neu und zeitgemäß bestimmt werden mußten. Bernhard von Clairvaux und sein Zeitgenosse Wilhelm von St. Thierry (1085/90–1148/49), der ihm theologisch so nahe stand, daß beider Autorschaft im Mittelalter oft verwechselt wurde, haben sich für eine solche Erneuerung des benediktinischen Mönchtums im Geist der Zisterzienser eingesetzt. Das zisterziensische Kloster – das ist für Bernhard und für Wilhelm der Ort, an dem die *unio mystica* sich ereignet. *Unio mystica* bedeutet: geheimnisvolle Vereinigung mit Gott. Bernhard ist im Bild kühn, er legt das Hohe Lied aus und nennt das Kloster ein Bett, auf dem die Seele sich mit Gott vereinigen kann:

»›Unser Lager ist mit Blumen geschmückt. Aus Zedern sind die Balken unseres Hauses, aus Zypressen unsere Täfelung.‹ [...] Nun wollen wir untersuchen, was dies im geistlichen Sinn bedeutet. Auch in der Kirche gibt es meiner Meinung nach sozusagen ein ›Bett‹, in dem man ruht: die Abgeschiedenheit der Klöster, wo man ruhig lebt, fern von den Sorgen der Welt und der Unruhe des Lebens.«[1]

Wilhelm hat seine Idee konsequent gelebt, er war zunächst benediktinischer Abt und ist später Zisterzienser geworden. Aber auch das schweigende Leben der Kartäuser, die um 1100 aus Einsiedlergemeinschaften zum Orden geworden waren, hat ihn angeregt und angezogen; er hat der Kartause Mons Dei (dt. Gottesberg) in den Ardennen eine seiner wirkungsmächtigsten Schriften gewidmet und sie kurzerhand »Brief an die Brüder vom Gottesberg« genannt. Ihnen gegenüber schildert er das klösterliche Leben als tapferen Kampf mit sich selbst, der mit der *unio mystica* belohnt werden kann:

»Für andere gehört es sich, Gott zu dienen; für euch gehört es sich, ihm nachzufolgen. Anderen steht es an, an Gott zu glauben, von ihm zu wissen, ihn zu lieben und zu verehren. Eure Sache ist es, daß ihr Gott schmeckt, versteht, bekennt und gebraucht. Das ist etwas Großes und Anspruchsvolles. Aber Gott, der in euch ist, ist allmächtig und gut, hält, was er verspricht,

1 Super Cant. Cant. XLVI, I.1 und I.2, übers. von Hildegard Brem. In: Bernhard v. Clairvaux, Sämtliche Werke lat./dt., hg. von G. B. Winkler. Bd. 6, Innsbruck 1995, S. 127.

gibt aufrichtig und hilft unverdrossen. Er gibt denen, die ihre große Gottesliebe durch Großes bekunden und im Vertrauen und in der Hoffnung auf seine Gnade Dinge angreifen, die größer sind als ihre Kräfte, den Willen und das dringende Verlangen danach. Er wählt vorab die Gnade, wenn er den Willen schenkt, und erkennt dem Menschen daraufhin auch die Kraft zu, ihn zu vollbringen. Diesem Armen vor Gott, wenn er getreulich getan hat, was ein Mensch kann, und den Verräter verraten hat, macht er das Gericht und das Urteil barmherzig, weil jener getan hat, was er vermochte.
(17) Fern sei von der Reinheit eurer Herzen, von eurer Demut und von eurem Mund jede Überhebung, Brüder. Denn das Hohe zu schmecken ist der Tod, und es kann leicht geschehen, daß einer sich in der Höhe umschaut, erschrickt und sich zu Tode stürzt. Gebt eurem Beruf einen andern Namen, schreibt eurer Berufung einen anderen Ehrentitel ein.
(18) Haltet euch eher für wilde, ungebändigte und freilaufende Tiere, die man anders, mit den üblichen Mitteln der Menschen, nicht zähmen kann, und nennt euch so. Schätzt die, die besonders tapfer mit beiden Händen kämpfen (wie Ehud, jener besonders tapfere Richter des Volkes Israel, der auch die linke Hand als rechte nutzte), als weit über euch stehend ein und bewundert ihren Ruhm. […]
(28) […] denn wie derselbe Apostel sagt: Es gibt Menschen, die sehen aus, als liebten sie Gott und den Nächsten; aber die Wirkungsmacht dieser Liebe wollen sie nicht zulassen. Und wenn einer unter euch ist, der diese Liebe nicht in seinem Inneren besitzt, sie im Leben nicht zeigt und in der Zelle nicht ausübt, dann kann er nicht Einsiedler genannt werden, sondern ist bloß allein; und die Zelle ist für ihn auch nicht die Zelle, sondern ein Kerker und ein Gefängnis. Denn wirklich ist der allein, mit dem Gott nicht ist; wirklich ist der gefangen, der nicht frei ist in Gott. […]
(35) Die Zelle ist eine heilige Stätte, an der der Herr und

sein Diener oft miteinander sprechen wie ein Mann mit seinem Freund; an der die glaubende Seele sich mit dem Wort Gottes vereinigt, sich die Braut dem Bräutigam zugesellt, das Himmlische mit dem Irdischen, das Göttliche mit dem Menschlichen vereinigt wird.«[2]

Daran, wie das speziell mystische Thema »Vereinigung mit Gott« aus dem allgemeineren »rechtes Leben im Kloster« hervorwächst, sieht man: Die Schriften, die traditionell unter »Mystik« geführt werden, beruhen auf dem Nachdenken und Schreiben über einen lebbaren und erlebbaren Weg zu Gott, und sie zeichnen sich nur durch ein Spezialthema aus, nämlich dadurch, daß sie die Einigung mit Gott ausdrücklich in den Blick nehmen.

Bernhard und Wilhelm hatten ihre Lehren über ein Leben hin zu Gott mit Blick auf den Alltag der Benediktiner, Zisterzienser und Kartäuser entwickelt, also für das ortsfeste, beschauliche Mönchsleben, das diese älteren Orden kennzeichnet. Ihre Lehren vom Weg zu Gott waren konzipiert als Mystik fürs Kloster.

Dagegen wirkt »Mystik für die Schule« beinahe wie ein Widerspruch in sich; man könnte meinen, daß man Mystik nicht in der Schule lernen kann. Dennoch hat es im 12. Jahrhundert eine wichtige Theologenschule gegeben, für die der Weg zur Vereinigung mit Gott zu den zentralen Themen des Nachdenkens gehörte. Sie ist als »Schule von St. Viktor« oder einfach als »die Viktoriner« in die Literaturgeschichte eingegangen. In St. Viktor war Mystik nicht ein Seitenzweig der Theologie, sondern ihr Wesenskern, die Lehre von Gott (Theo-logie) wurde dort verstanden als die Lehre vom Weg zu Gott. Die beiden großen Köpfe dieser Schule, Hugo (um 1096–1141) und Richard (gest. 1173) von St. Viktor, hatten bei ihrem Nachdenken über die Gegenwart Gottes andere Men-

2 Volker Honemann: Die »Epistola ad fratres de Monte Dei« des Wilhelm von Saint-Thierry. Lateinische Überlieferung und mittelalterliche Übersetzungen. München 1978 (MTU 61), S. 295–297 (übersetzt).

schen und eine andere Lebensform vor Augen als Bernhard von Clairvaux und Wilhelm von St. Thierry.

St. Viktor war Anfang des 12. Jahrhundert als Augustinerchorherrnstift am linken Seine-Ufer in Paris gegründet worden und wurde vom Bischof von Paris und vom König gefördert. Ein Augustinerchorherrnstift ist eine klosterähnliche Gemeinschaft. Mit dem Entstehen solcher Verbindungen hat es folgende Bewandtnis: Geistliche, die predigten und eine Gemeinde betreuten, durften eigentlich, weil sie keine Mönche waren, einen eigenen Hausstand haben. Sie lebten dann mitten in der Welt, weshalb man sie auch Weltgeistliche nannte. Das brachte Gefahren für ihren Wandel mit sich, so daß sich Stimmen erhoben, die ein geregeltes, gemeinsames Leben nicht nur von Mönchen forderten, sondern auch von diesen Geistlichen. Durchgesetzt hat sich diese Forderung im 11. Jahrhundert dort, wo eine Kathedralkirche mit ihren Pfründen mehrere Männer ernähren konnte. Diese Herren, die in einem Dom hinter dem Lettner im Chor sitzen durften (sie bildeten das Domkapitel), wählten sich oft die Ordensregel des Heiligen Augustinus, weil die ihnen für die Tagesgestaltung viel Freiheit ließ. Sie waren rechtlich keine Mönche, durften also z. B. den Ort wechseln oder sich eine andere Laufbahn suchen.

Die Chorherren in St. Viktor unterhielten eine öffentliche Schule, eine der besten in Frankreich und in Europa während des ganzen 12. Jahrhunderts. Schulen waren auch damals gut, sobald sie gute Lehrer hatten. Die fanden nicht immer ein Auskommen an einem Ort. Zogen sie weiter, war es mit der Schule bald vorbei. Der erste Lehrer in St. Viktor war Wilhelm von Champeaux (um 1070–1122), ein solider Gelehrter in seiner Zeit. Bei ihm hatte Peter Abaelard, das Dialektikgenie, zuerst gelernt. Später wandte sich Abaelard gegen Wilhelm. Dieser war über die Gegnerschaft sehr verbittert. In den zwanziger Jahren des 12. Jahrhunderts kam der Niederländer oder Niedersachse Hugo nach St. Viktor, dann zu einer nicht näher bekannten Zeit, sicher vor 1155, der Schotte Richard. Hugo und Richard waren mit Abaelard nicht verfeindet, sie verfolgten allerdings ein anderes Konzept des Wissens als dieser, plädierten eher für eine individuell strebende Vernunft als für eine öffentlich streitende. Das religiöse Ideal, das Bernhard von Clairvaux verfocht, war den Viktorinern sehr nahe: Auch in St. Viktor wurde gelehrt, alle Seelenkräfte in sich zu sammeln, sie wie in einem Brennpunkt zu vereinigen und dann auf Gott hin auszurichten. Aber im Milieu der Schule und der Wissenschaft verstand man die Konzentration aller Seelenkräfte anders als in den Klöstern der Zisterzienser: Im Mittelpunkt stand hier die Vernunft. Wie man im Denken so hoch wie irgend möglich steigen und sich dabei sittlich so weit vervollkommnen könne, daß man an den Grenzen des Verstehbaren würdig wäre, von Gott oder in seinem Auftrag in eine höhere Welt getragen zu werden, das war die zugleich mystische und wissenschaftsbegründende Hauptfrage der Schule von St. Viktor.

Die Furcht vor Weltenwende und Fegefeuer

Die Zisterzienser waren in den letzten Jahren des 11. Jahrhunderts und noch am Anfang des 12. mit dem Anspruch angetreten, im Gegensatz zu den reich gewordenen Benediktinerabteien und im Sinne wirklicher Religiosität zum Leben im buchstäblichen Sinn der Mönchsgelübde von Armut, Keuschheit und Gehorsam zurückzufinden. Doch am Ende des Jahrhunderts waren auch sie ein reicher Orden, von dem die tatsächlich Armen nicht mehr allzuviel Gutes zu erwarten hatten. Von außen gesehen, sahen nun alle Orden gleich aus: Die Mönche hatten zwar keinen nennenswerten persönlichen Besitz, aber das Kloster war reich; es nutzte seinen Reichtum zu dessen Vergrößerung und zur Versorgung der Brüder, am wenigsten aber für karitative Zwecke. In seinen wirtschaftlichen Beziehungen zur Umwelt und zu Abhängigen ließ es sich nicht gerade vom Grundsatz der Nächstenliebe leiten.

Unzufriedenheit gab es deshalb auch innerhalb des Ordens. 1191/92 gründete ein Zisterzienserabt namens Joachim in Fiore[3] (nach 1130–1202) ein neues Kloster, um, wie einst die ersten Zisterzienser gegenüber den Benediktinern, zum ursprünglichen Sinn geistlichen Lebens in einer klösterlichen Form zurückzuführen. Berühmt wurde Joachim für seine geschichtsphilosophische Leistung: Er hat seinen Zeitgenossen glaubhaft entwickelt, daß sie in allernächster Zukunft mit einer Zeitenwende zu rechnen haben, auf die sie sich vorbereiten müßten, um dabei nicht verworfen und vernichtet zu werden. Damit hatte er eine ungeheure Resonanz bis ins 14. Jahrhundert, ganze Wellen von religiösen Erneuerungsbewegungen entstanden, oft verfolgten sie auch sozialpolitische Absichten.

Die Auffassung vom stufenweisen Gang der Weltgeschichte, mit der sich Joachim nachhaltig in die Geistesgeschichte eingeschrieben hat, ist zum ersten Mal bei Hesiod bezeugt (um 700 v. Chr). Meist verglich man die Zeitalter mit Metallen, nach dem geläufigsten Schema mit Gold, Silber, Bronze und Eisen. Für die christliche Geschichtsbetrachtung, die menschliche Geschichte nur als Zwischenspiel der Heilsgeschichte betrachtet und das Weltgericht als Ende der Geschichte anvisiert, war eine solche absteigende Folge nicht annehmbar. Deshalb hatte schon der Kirchenvater Augustinus (354–430), der am Ausgang der Antike und am Anfang des christlichen Mittelalters stand, eine bibelkonforme Weltalterlehre in sechs Zeitaltern versucht, in der die Zeit nach Christi Geburt bis zum Weltende die letzte Zeit war (De Trin. 4,4,7; De civ. Dei 22,30). Das letzte Weltalter war demnach bereits im Gange. Joachim von Fiore entwarf ein trinitarisches Schema der Zeiten: ein Reich des Vaters (Altes Testament), eines des Sohnes (Neues Testament) und eines

3 Zu Person und Werk: Herbert Grundmann: Studien über Joachim von Floris. Leipzig/Berlin 1927; ders.: Neue Forschungen über Joachim von Fiore. Marburg 1950.

des Heiligen Geistes. Dieses Reich des Heiligen Geistes hebt sich von dem zweiten, in dem es auch schon christlichen Glauben, Weisheit und Gnade gibt, durch die Vollkommenheit und Freiheit der darin Lebenden ab. Die Geistkirche braucht keine Priester und keine Sakramente; die Menschen, die frei das Gute tun, brauchen nicht einmal die Ehe.[4] Die moralische Dimension dieser Zeitalterabgrenzung führte dazu, daß man sich selbst weniger an einer Scheidelinie als vielmehr in einer Überlappungszone des zweiten und des dritten Reiches sah. Den Männern oder Frauen, die lebten wie Heilige, konnte man zugestehen, schon in der neuen Zeit zu leben, während man selbst mit der gesamten Umgebung noch in der zweiten verharrte. Wenn es diese ersten Boten der neuen Zeit aber schon gab, dann folgte daraus, daß in kürzester Zeit mit dem Anbruch des dritten Weltalters gerechnet werden könne.

Schon die Zeitgenossen Joachims versuchten auszurechnen, was das denn konkret bedeute. Es gab in der Bibel Ankündigungen und Zahlenangaben: Offb. 20–22, Hes. 37–48, Luk. 14,14, 1. Kor. 15,23ff. Die Zeitalter mußten, wenn sie die Trinität repräsentieren sollten, alle gleich lang sein. Im Alten Testament gab es auch eine ganze Reihe von Jahres- und Altersangaben, dazu konnte man die Generationen abzählen. Joachim selbst hatte von 42 Generationen für jedes Weltalter gesprochen, wovon die letzten 21 stets schon die neue Zeit vorbereiten. Wie lang eine Generation dauert, stand aus biblischen Gründen fest: 30 Jahre (entsprechend dem Alter, in dem Christus Schüler hatte). Die mittlere Zeit, die der christlichen Kirche, glaubte Joachim also in ihrer Dauer berechnen zu können: als $42 \times 30 = 1260$ Jahre. Seine Lehre der gleitenden Übergänge vertrug sich eigentlich mit termingebundenen Endzeiterwartungen wenig, anderseits forderten seine Berechnungen solche Erwartungen geradezu

4 Vgl. H. Grundmann: Studien (Anm. 3), S. 106f.; ders.: Neue Forschungen (Anm. 3), S. 66.

heraus. Deshalb folgerten Joachims Schüler vereinfachend, daß man den Wechsel der Zeiten für 1260 in den Blick nehmen müsse. Diese Prophetie konnte im Rahmen mittelalterlichen Geschichtsdenkens durchaus als gesicherte Prognose gelten. 1260 – das war bald, und der Anbruch der Zeit des Heiligen Geistes war allerhöchste Gottessache, man sollte zusehen, daß man nicht zuvor noch vertilgt würde von der Erde wie ein Ungeziefer, weil die Christenheit im allgemeinen, der Konvent oder die Familie im besonderen und man selbst im speziellen es nicht verdient hatten, den Ewigen Frieden zu erleben.

Wer nicht an das dritte Weltalter glaubte und Joachim für einen verirrten Geist hielt, hatte es jedoch nicht unbedingt grundsätzlich leichter, an gute Aussichten für sein Leben auf der Erde und nach dem Tode zu glauben. Der tatkräftige Papst Innozenz III. (1198–1216) hatte gerade die Lehre vom individuellen Fegefeuer (zwischen dem eigenen Tod und dem Weltgericht) zu seiner päpstlichen, also zur offiziellen Auffassung gemacht.[5] Das hieß, daß es jetzt allgemeine Ansicht der Christenheit war, jede nicht abgebüßte Sünde (auch wenn der Sünder einfach vergessen hatte, sie zu beichten und sich eine Buße auferlegen zu lassen) führe unweigerlich zunächst einmal ins Fegefeuer. Die Zeit bis zum Weltgericht konnte dort sehr lang werden. Nur von beinahe Heiligen konnte man noch annehmen, daß sie gleich an angenehmere Orte, womöglich gleich in den Himmel (darüber bestand keine Einigkeit), geleitet wurden. Natürlich hing das Schicksal der Seele seit jeher von den Taten des Menschen ab. Aber der Moment des Todes wurde mit der Lehre vom Fegefeuer ungeheuer aufgewertet: Wenn einer früher in seinem Leben viel Gutes getan hatte und aus Schwäche auch ein wenig Böses, dann konnten seine Angehörigen annehmen, daß er an einem angenehmen Ort (z. B. in Abrahams Schoß)

5 Vgl. Jacques Le Goff: Die Geburt des Fegefeuers. Vom Wandel des Weltbildes im Mittelalter. Dt. von Ariane Forkel. München 1990, S. 211–213.

verweilen durfte, bis der gerechte Richter ihn im Weltgericht in den Himmel eingelassen hätte. Jetzt war es so, daß der aktuelle »Kontostand« der ungesühnten Sünden im Moment des Todes wichtiger geworden war als die Gesamtbilanz der Taten, jedenfalls für die Entscheidung zwischen Fegefeuer und angenehmem Ort, also für die lange Zeit bis zum Weltgericht.

Beide Lehren, die vom bevorstehenden Zeitalter des Heiligen Geistes und die vom Fegefeuer, übten großen moralischen Druck auf die gläubigen Christen aus. Ohnehin war der Alltag für die überwiegende Mehrheit der Menschen eine harte Zumutung, die sich durch diesen Druck noch verschärfte. Um so mehr Faszination gewannen neue religiöse Bewegungen, die die Rückkehr zur Lebensform der Apostel, zum einfachen Leben mit Christus, propagierten. Ihnen zu folgen konnte nämlich unter Umständen zwei Probleme gleichzeitig lösen: Man fand, indem man sich einer solchen Gruppe anschloß, eine akzeptable soziale Lebensform für sich, z. B. eine solche, in der Armut keine Schande, sondern etwas Gutes war, oder in der es kein Makel war, eine unverheiratete Frau zu sein. Und gleichzeitig hatte man die gute Gewißheit, etwas für seine Seele zu tun.

Die Katharer und ihre »Vollkommenen«

Religiöse Bewegungen mit sozialem Engagement und sittlichem Ernst gab es seit der zweiten Hälfte des 12. Jahrhunderts vielfach. Die Kritik an der fett gewordenen Kirche verband sie; ansonsten waren die Unterschiede groß.

Die südfranzösischen Katharer wurden in den zwanziger Jahren des 13. Jahrhunderts in einem Kreuzzug verfolgt – so stark war ihr Einfluß, und so sehr fürchtete man sie. In ihrer Lehre war das Böse nicht nur eine Funktion Gottes, sondern gleich mächtig, ja welterschaffend mächtig; das Gute mußte sich dagegen durchsetzen. Der Name »Katharer« kommt vom griechischen Plural »katharoi«, das heißt »die Reinen«. Ursprünglich griechisch ist die Bezeichnung deshalb, weil dem Katharertum möglicherweise eine sehr verwandte Religion im Bereich der Ostkirche zugrunde lag. Diese Religion hatte sich dort seit der Spätantike neben der offiziellen kirchlichen Lehre erhalten, sie strahlte spätestens im 11. Jahrhundert vorsichtig in den Westen aus. Die Ostkirche orientierte sich nicht an Rom, sondern an Byzanz = Konstantinopel, heute Istanbul, und sie sprach in Liturgie und Theologie überwiegend griechisch. Das Wort »katharoi« ist ins Deutsche entlehnt und den typischen Lautveränderungen für solche Entlehnungen unterworfen worden – das ergab das mittelhochdeutsche Wort *ketzer*. Wenn man vom Katharertum spricht, dann meint man den mittelalterlichen Prototyp aller Ketzerei, gleichsam die Bewegung, an der die mittelalterliche Welt gelernt hat, was Ketzerei sei.

Die Katharer[6] hatten sich bereits Ende des 11. Jahrhunderts in einem geschlossenen Gebiet um Toulouse verbreitet, bis zur Hälfte des 12. Jahrhunderts entstand dort eine organisierte Kirche. Ihre Religion unterschied zwei Stände von Menschen: die »Vollkommenen« *(perfecti)* und die »Bekennenden« *(credentes)*. An die Vollkommenen stellte sie höchste sittliche und lebenstechnische Anforderungen, wogegen sie den Bekennenden keine speziellen Lebensregeln auferlegte. Die katharischen Fürsten übten ihre Herrschaft in tieferem Einverständnis mit der Bevölkerung aus als ihre Standesgenossen anderswo. Frauen aus adligen Familien wurden häufig *perfectae*, Vollkommene. Sie kamen in der geistlichen Hierarchie der Katharer zwar nie an die Spitze, waren aber von geistlicher Würde nicht völlig ausgeschlossen wie in der Papstkirche. Das zog viele Frauen an. Aber vollkommener Katharer sein war schwer und wegen des Verbots tierischer

6 Das Standardwerk ist: Arno Borst: Die Katharer. Stuttgart 1953. Vgl. auch: Herbert Grundmann: Ketzergeschichte des Mittelalters. Göttingen 1963; Malcolm Lambert: Ketzerei im Mittelalter. Häresien von Bogomil bis Hus. München 1981.

Nahrung für die Umwelt auffällig; nach 1209 (der Verkündung des ersten Kreuzzugs, der sich nicht auf Jerusalem richtete) wurde es unbedingt lebensgefährlich. Deshalb ließ die katharische Moral bald die äußere Anpassung an die katholische Orthodoxie zu.

Kreuzzug gegen die Katharer – das hieß Krieg plus Inquisition. Dennoch hat sich eine letzte Festung und ein zentraler Kultort der Katharer (Montségur) bis 1244 gehalten. Sie haben, obgleich sie beeindruckende Festungen hatten, Fehler gemacht, die vorausschauenden Militärs nicht passieren dürfen (Carcassonne zum Beispiel mußte in weniger als einer Woche wegen Mangels an Trinkwasser kapitulieren); aber sie glichen Schwächen aus durch überwältigende, charismatische Sicherheit des rechten Glaubens. Weil die Teilnahme am katholischen Ritus erlaubt war, speiste sich diese Sicherheit unmittelbar aus dem Gemeinschafts- und dem Gottesbezug, die Dinge und Verrichtungen waren demgegenüber zweitrangig.

Man kann darüber streiten, ob die Katharer in die Geschichte des Christentums gehören. In das Umfeld der mittelalterlichen Mystik gehören sie auf jeden Fall: Der Aufstieg zur Vollkommenheit gehört zu den Grundthemen mystischer Lehre. Der Sog des vollkommenen Lebens und die eindrücklich vorgelebte Spiritualität nicht nur der Vollkommenen selbst, sondern schon derer, die ihnen nur halfen, war im Ketzerland sinnfällig geworden. So etwas gab es sonst in Europa im 12. Jahrhundert fast nur hinter Klostermauern, und draußen erfuhr man dann nicht viel davon. Der *perfectus* der Katharer war ein öffentliches Ereignis, und er hatte eine soziale Funktion. Er wurde nahezu angebetet, und man strebte ihm nach. Das war eine Herausforderung an die gewachsene mystische Theologie und ihre Lehren vom Stufenweg.

Hatten die Ketzer in Südfrankreich Europa gezeigt, welche Möglichkeiten es gab, den Adel als spirituelle Elite zu verstehen, so zeigte ein Kaufmann, Petrus Waldes, am Ende des 12. Jahrhunderts den Bürgern von ganz Europa, was es heißen konnte, reich zu sein. Weil die Berichte über ihn vom Erzählschema der Heiligenlegende eingefärbt sind, weiß man nicht genau, was er wirklich getan hat: Auf jeden Fall versorgte er seine Frau und seine Töchter und gab dann den Rest seines bedeutenden Vermögens für karitative Zwecke aus; vielleicht hat er wirklich, wie ein Chronist berichtet, im Hungerjahr 1176/77 so lange allen Hungrigen zu essen gegeben, bis er kein Geld mehr hatte.[7] Dann predigte er das arme Leben, die tätige Nachfolge Christi nach dem Vorbild der Apostel. Das durfte er nicht, er hatte als Laie kein Recht zu predigen, und der Bischof wollte es ihm auch nicht zugestehen, zumal seine Predigt der apostolischen Lebensweise auf eine handgreifliche Kritik an der Lebensweise der ordinierten Priester und der Mönche hinauslief. Waldes war aber fürs Predigen besser gerüstet als mancher schlecht ausgebildete ordinierte Priester. Als er noch Geld hatte, hatte er Übersetzungen der Evangelien und ausgewählter anderer biblischer Bücher auf französisch, in seiner Muttersprache, anfertigen lassen, dazu Auszüge aus den Schriften der Kirchenväter. Nun kannte er davon das meiste auswendig. Darin sollten ihm seine Schüler auch noch nach seinem Tod folgen: Die gute, aber volkssprach-

7 Vgl. Amadeo Molnár: Die Waldenser. Geschichte und europäisches Ausmaß einer Ketzerbewegung. Berlin 1980, S. 14f. Spezialbibliographie: Augusto Armand Hugon/Giovanni Gonnet: Bibliografia valdese, Torre Pelice 1953. Quellenedition: Giovanni Gonnet: Enchiridion fontium Valdensium, Torre Pelice 1958. Kurzüberblick Herbert Grundmann: Ketzergeschichte des Mittelalters. Göttingen 1963, S. 28–34. Malcolm Lambert (wie Anmerkung 6), S. 108–142, S. 227–244.

liche Bibelkenntnis (d. h. deutsch in den deutschen Ländern, französisch in Frankreich usw.) zeichnete die Waldenser überall aus. Sie konnten nicht oder zumindest nicht besonders gut Latein, aber sie kannten die Texte. Prediger, die die Umkehr und das arme Leben der Apostel gepredigt hatten, waren schon mehrfach aufgestanden; einige waren verehrt, andere verfolgt worden. Aber die Kombination solcher Aufrufe mit Bibelfestigkeit in der jeweiligen Volkssprache war etwas qualitativ Neues. Deshalb hatte es Waldes mit seinen Freunden viel schwerer, als er um die Erlaubnis zur Predigt bat, als es ein schlichter, fanatischer Wanderprediger gehabt hätte.

Petrus Waldes wurde 1199 auf ein Konzil eingeladen und dort für seine schlichten Antworten auf dogmatische Spitzfindigkeiten ausgelacht; danach wurden seine Anhänger mehr und mehr isoliert und schließlich regelrecht verfolgt. Über Waldes' Tod fehlt jede spektakuläre Nachricht, er ist also vielleicht noch in Frieden gestorben, ganz im Gegensatz zu vielen seiner Anhänger in der nächsten Generation.

Was diese Bewegung ins Umfeld der Mystik rücken läßt, ist ihr spezifisches Sendungsbewußtsein, das in einem zuvor unbekannten Maß wortgebunden und textgesättigt war. Die Waldenser dehnten das gottgefällige Rollenspiel »Nachfolge Christi« auf ihr ganzes Leben aus, aber nicht nach einem vergleichsweise modernen Skript wie die Mönche, die in den Orden nach immer wieder reformierten Regeln lebten, sondern nach den uralten, klassischen Skripten der Evangelisten. Das war anachronistisch, wie es schon anachronistisch gewesen war, daß Waldes alles, womit er seine Ziele zumindest teilweise hätte erreichen können, zuvor verschenkt hatte. Nicht ein personal verstandener Gott, sondern ein heiliger Text ergriff Besitz von den Leben der Waldenser, als gäbe es keine historische Distanz. Das war so nicht üblich, denn die mittelalterlichen Laien, die zumeist nicht lesen konnten, hörten sonst das Evangelium nur stückchenweise in der freien Wiedergabe ihrer Prediger. Weil die Waldenser selbst ganz in die biblische Welt Jesu und der Apostel eintauchen konnten, fühlten sie sich als gläubige Christen in ihrem Recht, wenn sie Gott mehr gehorchten als den Menschen und also trotz des mehrmals erneuerten Verbots predigten. Die Bibel lesen und verstehen – das hieß im Mittelalter nicht einfach: ein Buch über heilige Dinge lesen und verstehen. Als Urheber der Heiligen Schrift galt Gott selbst, in den Evangelisten sah man die Werkzeuge göttlicher Inspiration. Wer die Evangelien auswendig wußte, der kannte das Gotteswort und hatte auch gelesen, daß am Anfang das Wort war. Er hatte dadurch einen unerhörten Grad von Intimität mit dem göttlichen Geschick und Willen erreicht. Die Unmittelbarkeit zu Gott – sie ist es, die die Waldenser mit den Mystikern verbindet. Die Mystiker des 12. Jahrhunderts (Bernhard von Clairvaux und Wilhelm von St. Thierry) hatten solche Unmittelbarkeit zu Gott als Frucht klösterlichen Lebens begriffen und dachten dabei eher an Eingebungen oder geistige Zwiesprache mit Gott; die Waldenser glaubten, daß der direkte Gottesbezug mitten in der Welt möglich sei, weil er durch den verinnerlichten Text entsteht.

Franziskus von Assisi

Franziskus von Assisi (eigentlich Giovanni Bernardone, 1181/82–1226) ist im Unterschied zu Petrus Waldes heiliggesprochen worden. Auch er kannte den Reichtum aus der Nähe, er war der Sohn eines Tuchhändlers; und auch er besaß bemerkenswertes Charisma. Um ihn bildete sich spontan eine religiöse Gemeinschaft, die von Krankenpflege (besonders für Aussätzige), aber auch von Handarbeit und Bettel lebte, nach dem Willen des Franziskus ohne feste Häuser, ohne Lohn in Geld und ohne jede Vorratswirtschaft. Sie hat sich schon zu seinen Lebzeiten und noch weiter nach seinem Tod (1226) sanft, aber unwiderruflich in einen Orden verwandelt. 1223 wurde die Ordensregel von Honorius III. bestätigt. Die Umwandlung in einen Orden geschah durch den Einfluß von Anhängern und Wohlgesinnten, gegen den Willen des Franziskus, aber sie war ein Glück für seine Anhänger, die sonst möglicherweise sogleich verfolgt worden wären. So hat die Verfolgung erst wesentlich später, am Anfang des 14. Jahrhunderts, einen Teil des Franziskanerordens (lat. OFM = Ordo Fratrum Minorum) getroffen, nämlich den, der hartnäckig an den ursprünglichen Idealen seines Gründers festhielt und dadurch in das funktionierende System Kirche nicht zu integrieren war. Das waren die Franziskanerspriritualen oder Fraticellen, die die Forderung nach radikaler Armut nicht aufgeben wollten.

Franziskus wollte sich von den Ketzern abheben – in seiner Heimat gab es Katharer. Er hat, wo es ging, seine Ehrerbietung vor ordinierten Priestern betont. Damit erweiterte er die Handlungsmöglichkeiten derer, die mit ihm zu tun hatten, beträchtlich. Natürlich war er mit seiner rigorosen Lebensführung eine lebendige Anklage – aber man konnte ihn zum Heiligen machen, dann stand sein Leben ohnehin weit überm Menschlichen, und niemand mußte sich gezwungen fühlen, sein Leben um des Franziskus willen zu ändern. Außerdem zogen Papst und Bischöfe es allemal vor, daß die Leute diesem etwas verrückten Heiligen hinterherliefen, als daß sie zu den Katharern gingen, wo sie dem Zugriff der katholischen Kirche geistig entzogen waren. Zudem waren die Ideale, die Franziskus anziehend machten, weitgehend identisch mit denen, die den Waldensern Zulauf gesichert hatten. Auch hier hieß, dem Franziskus zu helfen, den Waldensern Publikum zu nehmen. Zu den Waldensern befand sich Franziskus jedoch in einem entscheidenden Gegensatz: Er hielt nicht viel von Büchern und Bildung, und wenn er selbst erzog, dann allenfalls durch sein Beispiel. Er war ein ganz und gar atheoretischer Mensch. Kurioserweise ist diese Eigenschaft von den ersten Theoretikern seines Ordens, die es schon zu Lebzeiten des Franziskus gab, in Theorie verwandelt worden. Franziskanische Gelehrte haben sich zur Aufgabe gemacht, vernünftig zu beweisen, wie wenig mit der Vernunft anzufangen sei, wenn es um lebensleitende Prinzipien gehe. Möglich war das, nämlich indem sie die Rolle des Willens und der Affekte betonten, aber es blieb auch immer in sich widersprüchlich, weil die Theologie selbstverständlich an ihrem lebensleitenden Anspruch festzuhalten gedachte. Das schuf mit dem Eintritt der Franziskaner ins universitäre Leben (in den zwanziger Jahren des 13. Jahrhunderts) einen systematischen Bedarf an Mystik, also an einer Lehre, in der das Unbegreifliche einen festen Platz behauptete.

Dominikaner und Franziskaner: Armut, Bildung, Mystik

Die Papstkirche war am Ende des 12. Jahrhunderts in eine schwierige Lage geraten. Katharer und Waldenser hatten großen Zulauf, und beide Gruppen brauchten die bestehende Kirche nicht. Warum die beiden Ketzerbewegungen für die Bevölkerung attraktiv waren, kann man leicht nachvollziehen: Sie kannten keine doppelte Moral, sie wandten sich gegen Prunk und Ämterkauf, sie redeten verständlich über die unverständlichsten Geheimnisse. Das individuelle Streben nach Vollkommenheit, das die Katharer vorlebten und propagierten, sahen viele als plausibel und richtig an, weil man eine Zeitenwende erwartete und an das Fegefeuer glaubte. Die waldensische Unmittelbarkeit zu Gott bot sich als richtiges Gottesverhältnis an, denn sie schien mit den Lehren des hochgelobten Bernhard von Clairvaux übereinzustimmen und sich als Alternative zu den Mißständen in der Kirche zu bewähren.

Es gab nur eine wirksame Methode, die Ketzer zu bekämpfen: nämlich von ihnen zu lernen. Es fehlten orthodoxe Gruppen oder Orden, die mit der Anziehungskraft der Ketzerbewegungen mithalten konnten. Deshalb versprachen Gegengründungen nur Erfolg, wenn sie der Form nach Armutsbewegungen waren, wenn sie in der

Öffentlichkeit agierten und nicht hinter Klostermauern verschwanden.

Zu diesen Einsichten fanden die Päpste im Gang der Auseinandersetzung mit den Ketzereien um 1200. Als ab 1209 der Kreuzzug gegen die Katharer im Gange war, zeigte sich bald, daß gute Prediger es ebenso vermochten wie gute Schwerter, den Anhang der Ketzer zu dezimieren. Deshalb wurde eine Predigergemeinschaft um Dominikus von Caleruega (1170–1221), die sich 1215 im Ketzergebiet um Toulouse niedergelassen hatte und gegen die Katharer auftrat, päpstlich begünstigt und schon 1216 als Orden anerkannt: Der Dominikanerorden war entstanden. Eine solche alternative Bewegung hatte sich auch um Franziskus von Assisi spontan gebildet, und die Kurie bemühte sich, sie klug zu führen und in einen Orden münden zu lassen (1223). Beide Orden verzichteten auf die alte klösterliche Forderung der Seßhaftigkeit *(stabilitas loci)* und lebten vom Bettel. Ihre Häuser (trotz des Widerstrebens des Franziskus hatten auch die Franziskaner nach kurzer Zeit feste Dächer und immobilen Besitz) lagen bevorzugt in Städten. Sie hatten die Aufgabe zu predigen, besonders gegen die Ketzer, aber sie durften auch die Beichte hören, Buße festsetzen und die Absolution erteilen.

Diese Gemeinschaften hatten nicht schon bei ihrer Gründung beschlossen, sich künftig den Wissenschaften zu weihen, sondern sie waren in diese Aufgabe hineingewachsen. Als Antwort auf die waldensische Herausforderung und die katharische Bedrohung brauchte man ein Bildungsprogramm für Laien. Weder der Entschluß dazu noch die Vorstellungen, wie solch ein Programm aussehen könnte, waren am Schreibtisch entstanden. Es hatte sich in den ersten Jahren der franziskanischen und dominikanischen Bewegung abgezeichnet, daß ein Prediger sich wirksamer gegen die Katharer und Waldenser abgrenzen konnte, wenn er erklären konnte, warum die Ketzer Ketzer waren. Die religiösen Bewegungen im Volk, die geduldeten wie die beargwöhnten, artikulierten sich überall in der Volkssprache. Wem erklärt werden sollte, daß dieser Wanderprediger gottgefällige Umkehr gepredigt habe, jener aber eine gottlose Ketzerei, dem mußte auch erklärt werden, worin denn nun der Unterschied zwischen beiden bestehe. Selten war der Ketzer auch ein Schurke, so daß man mit dem moralischen Finger auf ihn hätte zeigen können.

Es war nötig, die Laien mit elementarem theologischem Wissen auszurüsten. Das haben die Bettelorden versucht. Besonders bei den Dominikanern wurde die deutsche Predigt durch das 13. Jahrhundert hindurch immer anspruchsvoller. In der Seelsorge für Frauengemeinschaften, auch für solche, die nicht zu einem Orden gehörten, wurde die Volkssprache benutzt – ebenso wie beim Unterricht für die Laienbrüder der Mönchsorden[8] und für die Ritter in den Ritterorden[9]. Für alle diese oft klugen, aber nicht lateinkundigen Laien waren Übersetzungen theologischer Werke hilfreich. Im beginnenden 14. Jahrhundert hat man schon zusammenhängende Abhandlungen über Theologie in der Volkssprache geschrieben. Deren bevorzugter Gegenstand war die mystische Theologie, die als theoretischer Ertrag aus der Auseinandersetzung mit religiösen Bewegungen seit dem Anfang des 13. Jahrhunderts hervorgegangen war.[10]

8 Vgl. oben S. 14.

9 In den Kreuzzügen entstanden neue Formen der Überkreuzung von Mönchsleben und Rittertum, z. B. bei den Johannitern, den Templern und im Deutschen Orden. Die Ordensherren waren überwiegend von Adel, aber meist nicht lateinisch gebildet.

10 Der weite Mystikbegriff von Bernard McGinn: Die Mystik im Abendland, Bd. 1: Ursprünge, hg. von Clemens Maaß, Freiburg [u. a.] 1994, S. 11–20, scheint mir für eine Überblicksdarstellung besonders geeignet.

Frauenworte zur Mystik

Frauenmystik als Versuch einer ungelehrten Theologie

Die Ketzer um 1200 hatten Frauen in religiöser Hinsicht ernst genommen, zumindest wenn diese sich von ihrer sozialen Frauenrolle gelöst hatten. Daraufhin waren auch in einigen romgläubigen Gegengründungen (z. B. in der Anhängerschaft des Franziskus) Frauen als religiös mündig behandelt worden. Da sie von den Ketzern geworben werden konnten, mußte sich die theologische Unterweisung der Bettelordensprediger an sie ebenso richten wie an die Männer. Besondere Sorgfalt darin verlangten Gruppen von Frauen, die man Beginen nannte und die sich im 13. Jahrhundert von Nord nach Süd rheinaufwärts und über weite Teile Westeuropas verbreiteten.

Beginen waren Frauen, die in einer Gemeinschaft oder seltener allein lebten und dabei Regeln des religiösen Lebens befolgten, als seien sie Nonnen. Sie waren aber durch kein Gelübde gebunden (konnten also die Stadt wechseln oder gar zurück zu ihren Familien gehen), sie gehörten keinem Orden an und lebten meist von Handarbeiten, z. B. vom Weben; seltener bettelten sie. In vielen Städten beteiligten sie sich an der Krankenpflege. Ihnen war nicht – wie den Frauen in Nonnenklöstern – geboten, stets am Ort und im Haus zu bleiben. So fanden sie eine spirituell und menschlich recht befriedigende Lebensform. Deshalb wurden sie von den Frauenklöstern als lästige Konkurrenz angesehen. Zwar hatten die Benediktinerinnen und Zisterzienserinnen Mitte des 13. Jahrhunderts Aufnahmestop; aber für vermögende Frauen gab es immer noch einen Weg hinein, sie halfen dem Kloster ja materiell auf. Jedoch gerade für diese Klientel war das Leben in einem Beginenhaus womöglich attraktiver. Auch Mechthild von Magdeburg hat erst im Alter und unter dem Druck verschiedener Anfeindungen um Aufnahme ins Zisterzienserinnenkloster Helfta gebeten. Für eine ärmere Frau war ein Leben als Begine ohnehin die einzige Möglichkeit, wenn sie eigentlich hätte Nonne werden wollen. Von den Seelsorgern wurden die Beginen zum Teil beargwöhnt, weil sie nicht so gut zu kontrollieren waren wie Nonnen. Die Städte schützten ihre Beginen oft, weil sie sich deren sozialen Dienst erhalten wollten; schwieriger wurde es, wo ihre Produktion einer ansässigen Zunft (z. B. im Textilhandwerk) zur Konkurrenz wurde. Umherstreifende Beginen waren völlig rechtlos, wie jeder mittelalterliche Mensch, der den Rechtskreis verließ, in den er hineingeboren war und in dem man ihn kannte. Deshalb konnten sie, weil niemand für sie auftrat, auch so leicht denunziert und verfolgt werden.

Das Kundtun einer Offenbarung war der einzige auf Öffentlichkeit zielende Beitrag zur Theologie, der einer Frau erlaubt war. Alle Textsorten, die an die theologischen Schulen und an die Universität gehörten, also z. B. Quaestionen, Kommentare, Auslegungen biblischer Bücher, waren den Frauen ohnehin von vornherein verwehrt. Briefe und Tagebücher dagegen wurden auch dann, wenn die Verfasserin sie auf spätere Veröffentlichung hin angelegt hatte, im Regelfall in Familie oder Kloster nur als Privatnachlaß aufbewahrt. Insofern ist es verständlich, daß kluge Frauen, wenn sie ihr Leben in einem Kloster ganz auf Religionsübung ausgerichtet hatten, die literarische Form der Offenbarung wählten, obgleich sie keine eigenen mystischen Erfahrungen besaßen.[1]

Wenn eine Frau im Kloster oder in einem Beginenhaus nicht nur von einem mystischen Erlebnis berichtete, sondern dabei auch irgend etwas Theologisches aussagte, dann war das für die Theologen nicht einfach zu beurteilen. Eine Vision oder ein *unio*-Erlebnis handelte ja immer von Gott, und es wäre unsinnig gewesen zu verlangen, daß in dem Bericht darüber nichts Theologisches vorkommen dürfe. Noch weniger konnte man aber erwarten, daß die theologischen Inhalte, die notgedrungen vorkamen, genau in den Wendungen verfaßt waren, die man in der Schultheologie

1 Vgl. Peter Dinzelbacher: Vision und Visionsliteratur im Mittelalter. Stuttgart 1981, S. 57–77.

dazu gebrauchte. Die Bildungsmöglichkeiten, zu denen Frauen Zugang hatten (sie lernten zu Hause bei Privatlehrern, in Frauenklöstern und in Leprosenhäusern auch bei Lehrerinnen),[2] waren viel weniger auf Ausbildungsziele hin geregelt als die Schulen der Männer. Man konnte auch als Frau mancherlei lernen, aber in den herrschenden Diskurs kam man nie hinein, man blieb in gewissem Maße stets Autodidakt. Das nötigte die Theologen im 12. Jahrhundert, als es noch höchst selten Visionärinnen gab, zur Zurückhaltung in der Beurteilung dessen, was solche Frauen sagten und schrieben, aber von Jahrhundert zu Jahrhundert nahm die Toleranz ab, bis im 15. Jahrhundert visionäre Aussagen zur Theologie schlicht abgelehnt wurden, wenn sie von Frauen kamen. Hildegard von Bingen (1098–1179), die im Zeitalter Abaelards und Bernhards von Clairvaux lebte, hatte noch selbst predigen dürfen.[3] Mechthild von Magdeburg (um 1208 bis um 1282) durfte nicht mehr predigen, aber immerhin noch ihr Buch »Das fließende Licht der Gottheit« verbreiten und später in Frieden sterben. Marguerite Porete (?–1310) ist als Ketzerin verbrannt worden. Im 15. Jahrhundert wurde zwar die Mystik des 14. viel abgeschrieben, jedoch entstand kaum noch große mystische Literatur von Frauen, denn inzwischen kursierte Traktatliteratur, die jeden darüber aufklärte: Wer Offenbarungen behauptet, der wird vom Teufel genarrt.[4] Die Zeit des ungebrochenen Ver-

2 Vgl. Kurt Ruh: Geschichte der abendländischen Mystik. Bd. II: Frauenmystik und Franziskanische Mystik der Frühzeit. München 1993, S. 104.

3 Hildegard hat keine im engeren Sinne mystische Theologie. Sie beruft sich auf Offenbarungen, aber ihr Handeln ist eminent politisch. Vgl. Peter Dinzelbacher: Das politische Wirken der Mystikerinnen in Kirche und Staat. In: Peter Dinzelbacher/Dieter R. Bauer (Hg.): Religiöse Frauenbewegung und mystische Frömmigkeit im Mittelalter. Köln/Wien 1988, S. 265–302.

4 Vgl. Werner Williams-Krapp: »Dise ding sint dennoch nit ware zeichen der heiligkeit«. Zur Bewertung mystischer Erfahrungen im 15. Jahrhundert. In: LiLi 80 = Wolfgang Haubrichs (Hg.): Frömmigkeitsstile im Mittelalter. Göttingen 1991, S. 61–71, bes. S. 63–67.

trauens in Visionen und gnadenhafte Wunder ging zu Ende, im 15. Jahrhundert schrieben bedeutende Theologen sogar Gutachten gegen angebliche Blutwunder bei Hostien.[5]

Die Skepsis gegenüber den Berichten über die Ausnahmesituation des Gott-Sehens, Gott-Fühlens oder der Entrückung in jenseitige Gefilde wurde um so größer, je mehr solche Literatur es gab.[6] Aber das war nicht der einzige Grund für die allmähliche Verketzerung von Frauenmystik. Während des 13. Jahrhunderts waren in den Übersetzungsbemühungen der Bettelorden allmählich auch überregional feste Entsprechungen lateinischer zu deutscher oder zu französischer Begrifflichkeit entstanden. Noch im 12. Jahrhundert hätte man niemand darauf festnageln können, daß sein deutsches Wort oder Bild einen bestimmten Sachverhalt lateinischer Begriffssprache bezeichne. Nun waren auch im schwierigen theologischen Wortschatz feste Relationen zu den Volkssprachen entstanden, auf die man sich einigermaßen verlassen konnte. Folglich ließ sich jetzt an der Elle der lateinischen Theologie nachmessen, was ein Mystiker oder eine Visionärin auf deutsch oder französisch gesagt hatten. Es unterlag nicht mehr riesigen Ermessensschwankungen festzustellen, ob dieser oder jener Satz in der lateinischen Rückübersetzung theologisch korrekt sei oder nicht. Die eigentlichen Spezialisten für das Messen am Lateinischen waren die Inquisitoren, die es ja seit der Katharerzeit fast immer mit volkssprachlichen Aussagen zu tun hatten. Ihnen gegenüber auf Großzügigkeit der Auslegung zu vertrauen und kühne Bilder zu wagen, konnte lebensgefährlich werden. Damit war der Freiraum für theologische Äußerung außerhalb der Schulsphäre, nämlich das Äußerungsrecht für Visionärinnen und Mystikerinnen, praktisch beseitigt.

5 Vgl. F. Schmidt-Clausing: Blutwunder. In: Die Religion in Geschichte und Gegenwart. 3. Aufl. (Studienausg.) 1986, Bd. 1, Sp. 1333.

6 Vgl. P. Dinzelbacher: Vision und Visionsliteratur (Anm. 1), S. 16–28.

Der tragische Modellfall: Marguerite Porete

1310 ist die Mystikerin Marguerite Porete als Ketzerin verbrannt worden, und zwar nicht irgendwo in einem finsteren Winkel des flachen Landes, sondern in Paris.

Marguerite lebte als Begine wahrscheinlich in Valenciennes.[7] Sie stammte wohl aus einer begüterten Familie und wußte viel, was sonst vorwiegend auf Männerschulen gelehrt wurde. »Spiegel der einfachen Seelen« heißt ihr Buch, in dem sich Liebe, Vernunft und Glaube im buchstäblichen Sinn über Gott und die Welt unterhalten und in dem außerdem die Heilige Kirche und der Heilige Geist als Sprecher auftreten. Dieses Buch ließ der Bischof ihrer Heimatstadt Valenciennes (vor 1306) als häretisch verbrennen. Marguerite aber, die von ihrer authentisch göttlichen Inspiration überzeugt war, hatte es zuvor von drei anderen Theologen prüfen lassen, denen es unverdächtig schien. Deshalb fühlte sich die Autorin ungerecht behandelt. Gleichzeitig mit der bischöflichen Verurteilung oder daraufhin sandte sie die Schrift an einen anderen Bischof und an mehrere Laien. Das durfte sie nach geltendem Kirchenrecht nicht, weil ihr Buch bereits dem Verbot unterlag.[8] Sie wurde vor den ersten Inquisitor geladen, erwies sich als schwieriger Fall und geriet vor den nächsten, bis sie in Paris im Kerker lag und der Prozeßführung des Generalinquisitors Wilhelm Humbert ausgeliefert war.[9] Weil sie den Widerruf verweigerte, steigerten sich die Vorwürfe immer mehr: von der Verurtei-

7 Über Marguerite: Kurt Ruh: Geschichte der abendländischen Mystik. Bd. II (Anm. 2), S. 340–371.

8 Vgl. Ursula Peters: Religiöse Erfahrung als literarisches Faktum. Zur Vorgeschichte und Genese frauenmystischer Texte des 13. und 14. Jahrhunderts. Tübingen 1988, S. 67–71.

9 Über den Prozeß gegen Marguerite Porete im Zusammenhang mit dem gegen Meister Eckhart: Winfried Trusen: Der Prozeß gegen Meister Eckhart. Vorgeschichte, Verlauf und Folgen. Paderborn [u.a.] 1988, S. 33–41.

lung des Buches zu der der Person, von der begangenen zur hartnäckigen und rückfälligen Ketzerei.

Marguerite ist für ihr Buch gestorben. Man weiß nicht, was aus ihr und aus dem Buch geworden wäre, wenn sie entweder ihr Buch nicht verbreitet oder es widerufen hätte. Auf jeden Fall hätte sie dann nicht als rückfällige Ketzerin unter Anklage gestellt werden können. Das war das Verbrechen, das sie auf den Scheiterhaufen führte. Vielleicht wußte Marguerite nicht genug von den Rechtsfolgen ihres jeweiligen Handelns. Aber auf jeden Fall wurde ihr spätestens in Paris klar, daß es ums Leben ging, und da muß ihr das Buch wichtiger gewesen sein als das Leben. Sie war sich ganz sicher, daß der Impuls, der sie zum Aufschreiben gedrängt hatte, von Gott kam und nicht vom Teufel.

Verwunderlich war es aber nicht, daß eine Schrift Anstoß erregte, in der mit der Autorität göttlicher Offenbarung behauptet wurde, die Übung in der Tugend sei etwas für kleine Kinder und nicht für Leute, die der Vollkommenheit nahekommen:

»DIE VERNUNFT: Wie denn, Liebe!, spricht die Vernunft, die nur das Grobe begreift und das Subtile beiseite läßt, was Wunders ist dies? Diese Seele hat also keine Empfindung der Gnade und kein geistiges Verlangen, da sie eben Abschied genommen hat von den Tugenden, welche jeder willigen Seele die Weise gut zu leben beibringen. Und ohne diese Tugenden kann niemand gerettet werden oder zur Vollkommenheit in der Lebensführung gelangen, denn wer sie hat, kann nicht getäuscht werden. Ist sie nicht etwa gar von Sinnen, diese Seele, die so spricht?

DIE LIEBE: Aber sicher nicht!, spricht die Liebe. Denn solche Seelen besitzen die Tugendkräfte einwandfreier als irgend eine der übrigen Kreaturen, nur nehmen sie sie nicht in Gebrauch. Denn sie haben sie gar nicht mehr in Besitz, so wie sie es gewohnt waren. Und außerdem verhielten sie sich dabei sehr sklavisch, während sie nun für immer frei wurden.

DIE VERNUNFT: Aber wie denn, Liebe, spricht die Vernunft, und wann waren sie sklavisch?
DIE LIEBE: So lange sie euch gegenüber in Liebe und Gehorsam verblieben, Frau Vernunft, und gleicherweise auch bei den übrigen Tugenden. Und sie hielten dabei so lange aus, bis sie davon frei wurden.
DIE VERNUNFT: Und wann wurden derartige Seelen frei?, spricht die Vernunft.
DIE LIEBE: Als die Liebe in ihnen ihre Wohnung nahm, während die Tugenden nun ohne Widerrede und ohne Bemühen dieser Seele dienen.

Zweifellos also, Vernunft!, spricht die Liebe, solche Seelen, welche derart frei geworden sind, haben an manchen Tagen zu erfahren bekommen, was Zwang auszurichten vermag. Und würden sie nach der größten Pein gefragt, die eine Kreatur zu erleiden haben kann, würden sie antworten: eine solche bestehe darin, in der Liebe seinen Sitz zu haben und gleichzeitig den Tugenden gegenüber im Gehorsam zu stehen. Denn den Tugenden hat man zu erbringen, was immer sie verlangen, koste es die Natur, was es wolle. Nun gilt, daß die Tugenden Ehre und Gut, Herz, Leib und Leben beanspruchen. Das ist so zu verstehen: jene Seelen lassen sämtliche Dinge, und trotzdem sagen die Tugenden zu dieser Seele, die ihnen alles überlassen und rein nichts zurückbehalten hat, um die Natur zu vertrösten: der Gerechte werde nur mit Mühe errettet. Und darum spricht eine solche erschöpfte Seele, welche noch den Tugenden dient, daß sie gerne von Furcht gequält und in der Hölle gepeinigt sein wolle bis zum Jüngsten Gericht, wenn sie nur danach errettet würde. Und dies ist die Wahrheit! spricht die Liebe. Die Seelen, über welche die Tugenden ihre Gewalt ausüben, leben in solchem Zwang. Die Seelen jedoch, von denen wir reden, haben die Tugenden an ihren Platz verwiesen; denn solche Seelen tun nichts um deretwillen. Vielmehr tun, umgekehrt, die Tugenden alles, was solche Seelen verlangen, ohne Bemühen und ohne Widerrede. Denn solche Seelen sind Herrinnen über sie.«[10]

Das ist nicht Luther, sondern stammt von einer Begine zweihundert Jahre vor Luther. Marguerite lehrt in ihrem Buch immer wieder, daß Vernunft und vernunftgemäßes Leben (das Tugend impliziert) den Menschen disziplinieren können, aber beide ihn jedoch weder glücklich machen noch zu Gott hinführen. Wen die Tugend beherrscht, der ist nicht frei für Gott. Nur die Liebe führt die Seele zu ihrer Bestimmung, und wenn sie dort angekommen ist, dann dienen ihr die Tugenden.

Das ist zumindest nicht die Tugendlehre, die man von einem durchschnittlichen Prediger hören konnte. Es fällt schwer, sich zu praktischer Moralität und zu guten Taten zu motivieren, wenn alle guten Taten und vernünftigen Handlungen eigentlich nichts wert sind. Unter diesem Aspekt berührte Marguerite Lehren einer Gruppe, die sich selbst »Brüder und Schwestern vom freien Geist« nannte und die wegen Ketzerei blutig verfolgt wurde. Deren Hauptlehre vom »freien Geist« ließe sich ungefähr so zusammenfassen: Der Vollkommene kann keine Sünde mehr tun, was immer er auch tut. Seinen Willen hat er längst abgelegt, sonst wäre er nicht zur Vollkommenheit gelangt. Jetzt will nicht er, sondern Gott will durch ihn. Folglich liegt das, was er tut, nicht in seiner Verantwortung.

Es steht natürlich bei Marguerite nicht so, aber eifrige Inquisitoren konnten durchaus Verbindungen konstru-

10 Übersetzung von Louise Gnädinger: Margareta Porete. Der Spiegel der einfachen Seelen. Wege der Frauenmystik. Aus dem Altfranzösischen übertragen und mit einem Nachwort und Anmerkungen versehen von Louise Gnädinger. Zürich/München 1987. Die zitierte Stelle: S. 25f. Altfranzösischer Text und mittelalterliche lateinische Übersetzung: Marguerite Porete: Le mirouer des simples âmes/Speculum Simplicium Animarum. Hg. von Romana Guarnieri/Paul Verdeyen S. J. Turnoult 1986 (CCCM 69), S. 28–31.

ieren. Nichtsdestoweniger war die Zisterziensermystik des 12. Jahrhunderts der Meinung gewesen, daß alle zählbare Tugendübung nur Vorbereitung ist und den inneren Menschen noch nicht qualifiziert. Das sprach für Marguerite, und deshalb hatte sie auch positive Gutachten zu ihrem Buch einholen können.

Im Inquisitionsprozeß wurde denn auch, weil man von einem früheren positiven Gutachten wußte, eine Gutachterkommission aus 21 Köpfen eingesetzt, um Marguerites Schrift als ketzerisch zu überführen. Damit ist ihr eine Achtung erwiesen worden, deren sich nicht jeder gemaßregelte Mann in der Wissenschaft jener Zeit rühmen konnte. Aber es steckte zuviel Kränkungspotential in Marguerites Buch. Der folgende Textausschnitt möge das verdeutlichen. Hier sprechen Kirche, Vernunft, Heiliger Geist und Liebe darüber, ob die vollkommenen Seelen, die alles Eigene im Denken und Wollen zugunsten Gottes aufgegeben haben, eine unsichtbare Kirche bilden. Die offizielle Kirche tritt als Sprecherin auf. Die Geistkirche der vollkommenen Seelen wird nur besprochen und soll von der Sprecherin abgehoben werden. Marguerite ist der Meinung, daß die Geistkirche der tatsächlichen Kirche übergeordnet sei. Das ist auch das Ergebnis dieses Gesprächsstückes. Aber offenbar reichte Marguerite diese innere Gedankenführung noch nicht aus, sie wollte schon während des Gespräches kennzeichnen, wie sich die beiden Kirchenbegriffe zueinander verhalten. Wie man schon im ersten Textausschnitt sehen konnte, hat Marguerite die sprechende Person während ihrer Rede oft nochmals angegeben, wie in einem Prosatext mit eingeschobener wörtlicher Rede. Die personifizierte Amtskirche heißt als redende Figur die »Heilige Kirche die Kleine«, und zum Überfluß spricht die Liebe die Amtskirche auch noch ähnlich an: »O Heilige Kirche, unterhalb dieser Heiligen Kirche stehend«, gemeint ist: unterhalb der Geistkirche:

»DIE HEILIGE KIRCHE: O wahrer Gott, Heiliger Geist!, spricht die Heilige Kirche.

DIE LIEBE: Wahrlich, Heilige Kirche, unterhalb dieser Heiligen Kirche stehend!, spricht die Liebe. Denn solche Seelen, spricht die Liebe, sind in eigentlichem Sinne Heilige Kirche genannt. Sie tragen und belehren und ernähren die ganze Heilige Kirche. Nicht sie, spricht die Liebe. Vielmehr die ganze Dreieinigkeit durch sie! Und dies ist die Wahrheit, spricht die Liebe, keiner möge daran zweifeln O Heilige Kirche, unterhalb dieser Heiligen Kirche stehend, nun sprecht!, spricht die Liebe. Was wollt ihr über diese Seelen aussagen, die weit mehr empfohlen und gelobt sind als ihr, die ihr in allem den Rat der Vernunft befolgt?

DIE HEILIGE KIRCHE: Wir wollen zugeben, spricht die Heilige Kirche, daß solche Seelen in ihrer Lebensweise über uns stehen, denn die Liebe wohnt in ihnen, in uns aber wohnt die Vernunft. Doch spricht dies nicht gegen uns, spricht die Heilige Kirche die Kleine. Im Gegenteil, wir empfehlen und loben sie dafür in den Erklärungen zu unseren Schriften.

DIE VERNUNFT: Aber, Frau Liebe, spricht die Vernunft, wenn ihr so gut sein möchtet, wollten wir gern ausdrücklich von dieser Gabe des Heiligen Geistes, die solchen Seelen aus seiner reinen Güte geschenkt ist, sprechen hören. Doch so, daß niemand Schaden nimmt bei seiner Ungebildetheit, wenn er die göttliche Lektion anhört!

DIE LIEBE: Leider, Vernunft, spricht die Liebe, werdet ihr immer blind bleiben, ihr selbst wie auch all jene, die in eurer Gelehrsamkeit groß geworden sind! Denn der ist wirklich blind, welcher die Dinge vor seinen Augen hat, sie aber überhaupt nicht erkennt. Und so steht es um euch.

DER HEILIGE GEIST: Ich sagte also, spricht der Heilige Geist, daß ich dieser Seele alles, was ich habe, geben werde. Ich will es geben!, spricht der Heilige Geist. Eigentlich aber ist es versprochen durch die Dreieinigkeit, und durch ihre Güte ist alles, was wir haben, schon vor allem Anfang im Wissen ihrer Weisheit gewährt. Und so ist es nur recht, spricht der Heilige Geist, wenn wir solchen Seelen gegenüber nichts zurückbehalten von dem, was wir haben. Denn diese Seele, spricht der Heilige Geist, hat uns alles, was sie an Wertvollem besitzt, geschenkt. Und sogar – um so zu sprechen – hat sie uns das selbe geschenkt, was wir selbst haben. Denn man sagt, und es ist die Wahrheit: Guter Wille geht für das Werk. Und diese Seele, spricht der Heilige Geist, macht das Anerbieten, daß wenn sie all das besäße, was wir haben, sie es uns zurückerstattete, genau so wie wir es gaben, ohne dafür einen Lohn zu erwarten, weder im Himmel noch auf Erden, einzig nur gemäß unserem Belieben. Nun haben wir also dies alles, spricht der Heilige Geist, entsprechend unseren rechtmäßigen göttlichen Bedingungen, und diese Seele überläßt es uns entsprechend der Weise ihres Wollens, welche der Liebe ohne Weise gemäß ist. Und weil eine solche Seele uns alles gab, was sie hatte und alles was sie ist, so daß sie in keiner Weise mehr Willen hat, darum gehört es sich, spricht der Heilige Geist, daß wir ihr das geben, was wir durch die Gerechtigkeit der Liebe haben. Und so wie wir aus göttlicher Natur in uns haben, was wir haben, spricht der Heilige Geist, so hat diese Seele es in sich durch die Gerechtigkeit der Liebe.

DIE HEILIGE KIRCHE: Ja, Herr, spricht die Heilige Kirche, wir verstehen es und glauben es wahrhaftig, daß eure werte Vornehmheit ihr eine solche Gabe oder Liebeslohn gegeben hat. Denn die Liebe kann auf keine Art gebührend belohnt werden außer durch Liebe.

DIE LIEBE: Diese Seele, spricht die Liebe, hat seit langer Zeit erkannt und gewußt, daß es keinen höheren Sinn gibt als Maßhalten, keinen größeren Reichtum als Genügsamkeit und keine größere Kraft als Liebe. Diese Seele, spricht die Liebe, hat das Gedächtnis und den Verstand und den Willen ganz in das eine Sein versenkt, das heißt in Gott. Und dieses Sein verleiht ihr Sein, ohne daß sie auf Wissen oder Empfinden oder auf ein Sein aus wäre, sondern einzig nur auf das, was Gott anordnet.«[11]

Das sind gar keine sensationellen Neuansichten, sondern im Grunde argumentiert Marguerite mit dem allseits geachteten Bernhard von Clairvaux. Daß nur die Liebe auf Gott angemessen antworten kann, weil Liebe zweckfrei handelt, hatte Bernhard in »De diligendo Deo« geschrieben.[12] Diese Schrift beginnt mit den programmatischen Worten:

> »Ihr wollt also von mir wissen, warum und wie Gott geliebt werden soll. Ich antworte: Der Grund, Gott zu lieben, ist Gott. Das Maß ist, ohne Maß zu lieben. Ist das genug? Vielleicht schon; aber nur für die Weisen.«[13]

Die Parallelen gehen noch weiter. Auch dafür, daß Liebe die höchste Rechtfertigung überhaupt ist, konnte sich Marguerite auf Bernhard berufen. In Bernhards 79. Predigt über das Hohe Lied klingt das so:

> »O Liebe, unbesonnen, heftig, lodernd, stürmisch! Du läßt außer dir nichts anderes in den Sinn kommen, alles andere bereitet dir Überdruß, alles außer dir verachtest du, mit dir allein bist du zufrieden! Du bringst jede Ordnung durcheinander, hältst dich an keinen Brauch, kennst kein Maß; über alles, was die Leute für Vorteil, Vernunft, Schamgefühl, guten Rat und Urteilskraft halten, triumphierst du in dir selbst [Kol. 2,15] und nimmst es gefangen [2. Kor. 10,5].«[14]

11 Übersetzung Louise Gnädinger (Anm. 10), S. 76–78. Ed. Guarnieri/Verdeyen (Anm. 10), S. 132f.–136f.

12 De diligendo Deo VII,17, übers. von Peter Dinzelbacher: Bernhard von Clairvaux, Sämtliche Werke lat./dt., hg. von G. B. Winkler, Bd. 1, Innsbruck 1990, S. 104f.

13 De diligendo Deo I,1, übers. von Peter Dinzelbacher: Bernhard von Clairvaux, Sämtliche Werke lat./dt. (Anm. 12), Bd. 1, Innsbruck 1990, S. 75.

14 Super Cant. Cant. LXXIX, übers. von Kassian Lauterer: Bernhard von Clairvaux, Sämtliche Werke lat./dt. (Anm. 12), Bd. 6, Innsbruck 1995, S. 559.

Aber in den zweihundert Jahren zwischen Bernhard und Marguerite hatten sich die Vorzeichen der Argumente umgekehrt. Um 1100 hatte Bernhard seine Liebestheologie gegen die aufkommende philosophische Theologie gewendet, die damals einen Aufbruch bedeutete und die grandiose Vision der Vereinbarkeit von Glauben und Wissen. Bernhard stand dagegen mit allen Mitteln der damaligen Kirche. Um 1300 wehrte sich Marguerite mit seinen Lehrsätzen gegen die Geschlossenheit einer Theologie, in der alles bewiesen und das Bewiesene nochmals autoritativ gebilligt werden muß.

So wie Marguerite Bernhards Theoreme einsetzt, macht sie ihn zum Theoretiker der Nichtordinierten, und das war er ursprünglich bestimmt nicht. Ihre Vernunftfeindschaft entspringt, anders als die seine, dem Wunsch, nicht schon deshalb als entmündigt zu gelten, weil man nicht die richtige Schule besucht hat.

Wenn Marguerite auch Argumente aus Werken Bernhards von Clairvaux entlehnt – ihre Stellung zur herrschenden Kirche gleicht doch viel mehr der Abaelards, der Bernhards Gegner war. In Abaelards Zeit sollte der Vernunftgebrauch erweisen, daß die Vernünftigen die besten Verwalter der Sache Gottes seien. Diese Idee zielte damals auf Theorie als Kontrollmechanismus für die beamteten Bibelausleger: Von Gott zu wissen war nun als eine Wissensform unter anderen zu verstehen. Diese Idee der vernünftigen Rede von Gott stellte in Abaelards und Bernhards Zeit zugleich in der Welt, in der die Rede stattfand, alte Kriterien der Qualifikation in Frage: Guter alter Adel stört nicht beim Denken, aber er qualifiziert auch nicht dazu.

Nach zweihundert Jahren war die Lage vollständig auf den Kopf gestellt. Daß theologische Texte nach bestimmten Standards logisch schlüssiger Rede verfaßt sein müssen, war nun allgemeine Überzeugung. Unbildung schloß von einer großen Anzahl privilegierter Lebensweisen aus, z. B. von beinahe jeder Position in einem Bettelorden und von vielen städtischen und höfischen Ämtern.

Weil der Unterricht der edleren, nämlich weiterführenden Schulen nach wie vor von der ersten Stunde an in Latein stattfand, was für alle Lernenden eine Fremdsprache war, drang mit dem Vertrauen in Bildung auch das Vertrauen in Regelwissen und in Formschablonen tief in den Alltag ein. Diese Sprache konnte ja nicht mehr in ihrem Land erlernt werden. Wer so ins Denken geführt wird, der übersetzt sein Leben lang Konstellationen aus der sprachlich ungeregelten Alltagswelt in Probleme, die er nur in der geregelten Sprache seiner Wissenschaft verstehen kann. Insofern bleibt jeder Denkakt mit einem inneren Transfer ins Reich der Regelhaftigkeit verbunden. Nicht zufällig wirken mittelalterliche wissenschaftliche Texte auf den heutigen Leser nach Bauplan und Gedankenführung eigenartig rechtwinklig.

Die gebändigte, geregelte Vernunft war um 1300 das übergreifende kulturelle Muster für alles, was offizielle Geltung beanspruchen wollte. Dagegen trat Marguerite mit ihrer Betonung der Liebe und der Erwählung an. Auch ihre Lehre, wie früher die Abaelards, richtete sich auf die Sache wie auf die Sachwalter. Daß Theologie mit derselben Logik und Semantik auskommen sollte wie andere Wissenschaften auch, schien ihr fragwürdig; über Gott kann man für Marguerite entweder nicht reden oder nur wie ein Liebender reden. Zudem eignen sich zu Sachwaltern des Göttlichen nach ihrer Meinung nur Menschen, die nichts mehr wollen. Der chaotische, geniale Außenseiter ist dem beflissenen Musterschüler überlegen.

Angesichts der strukturellen Ähnlichkeiten zwischen Marguerites und Abaelards Auftreten zeigt sich, daß die Verteidigung des Gebrauchs der Vernunft nicht immer auf der Seite des Lichtes, die Favorisierung der Unvernunft nicht immer auf der Seite der dumpfen Finsternis der Weltgeschichte steht. Abaelard und Marguerite stehen zur Vernunft, jedenfalls auf einer allgemeinen Ebene, diametral entgegengesetzt, aber ihre Ziele ähneln einander. Beide wollen ein verfestigtes, ein wissenschaftlich und sozial restriktiv gewordenes kulturelles Muster ablösen.

Marguerites Vernunftschelte sieht ihr Feindbild auch nicht im Typus des vernunftgesteuerten Menschen, sondern im Typus des regelgesteuerten Bürokraten Gottes. Damit steht sie für ein zentrales Anliegen der Laienmystik des Mittelalters.[15] Die philosophische Mystik hat, wie noch zu zeigen sein wird, dieses Anliegen aufgegriffen und sich damit auseinandergesetzt.[16]

Geistliche Liebe in Geschlechterrollen

Mystiker sind Amateure. Das stimmt schon im wortwörtlichen Sinn. Amateur heißt Liebhaber, und über die Liebe zu Gott und das Erlebnis, wiedergeliebt zu werden, wäre Mystik tatsächlich einigermaßen sinnvoll bestimmt. Gemeinsam ein Drittes zu lieben, nämlich Gott, und diese Liebe ähnlich zu erleben und zu gestalten, erwies sich unter Mystikern als große Verführung, auch einander zu lieben, wenn auch in einer spezifischen virtuellen Realität. Die Geschlechterrollen lagen nicht fest und konnten zwischen Liebendem und Geliebter, Sohn und Mutter, Vater und Tochter, Bruder und Schwester oszillieren. Das verlieh diesen Bindungen große Dauerhaftigkeit.[17] Man muß

15 Dazu zählt nicht nur Frauenmystik, sondern auch die Gottesfreundliteratur im Umkreis von Rulman Merswin, vgl. unten S. 87–91. Die Frauenmystik macht den größten Anteil in der volkssprachlichen, nicht schulgebundenen Laienliteratur über Theologie aus. Nur deshalb ist es sinnvoll, den Begriff zu gebrauchen. Eine Opposition Männerliteratur – Frauenliteratur gibt es aber unter sonst gleichen Bedingungen nicht. Ein nicht schulgebildeter Mann, der in der mittelalterlichen Volkssprache einen visionären oder mystischen Text schreibt, befindet sich, strukturell gesehen, in der Frauenrolle, d. h. in der Rolle, die gesellschaftlich am ehesten für Frauen vorgesehen ist.

16 Vgl. unten S. 134–137.

17 Vgl. über solche Konstellationen Ursula Peters: Religiöse Erfahrung (Anm. 8), bes. das Kapitel III: Die *mulier religiosa* und ihr Beichtvater: der Prozeß der Entstehung frauenmystischer Texte, S. 101–188.

freilich damit rechnen, daß die Berichte von solchen Verhältnissen bloße Literatur sind. Aber auch dann erhöhen und idealisieren sie ein wirkliches Verhältnis: z. B. zwischen Heinrich von Halle und Mechthild von Magdeburg, zwischen Heinrich Seuse und Elsbeth Stagel, zwischen Heinrich von Nördlingen und Margaretha Ebner.

Heinrich von Halle gehörte dem Dominikanerorden an und ist frühestens 1246 Lektor in Neuruppin gewesen. Um 1250 hat er, inzwischen wohl vom Magdeburger Kloster seines Ordens aus, Mechthild zu beraten begonnen. 1271 lebt er im Predigerkloster in Halle, gestorben ist er spätestens 1281. Diesem Mann, den niemand mehr kennen würde, wenn er nicht Mechthild begegnet wäre (bis an die Schwelle der Neuzeit allerdings las man ihn und wußte von Mechthild nichts),[18] verdanken wir wahrscheinlich die Überlieferung von Mechthilds Werk »Das fließende Licht der Gottheit«. Er hat ihr zugeraten, in ihrer heimischen Sprachform – und das war ein niederdeutscher Dialekt, wahrscheinlich ostfälisch – zu schreiben. Auch wenn das Werk in dieser sprachlichen Form nicht erhalten ist, muß Heinrich zu seiner Verbreitung beigetragen haben, denn wir besitzen eine freie und abweichend gegliederte lateinische Übersetzung, die bald nach Mechthilds Tod (1282) entstanden ist (1290), und zudem eine oberdeutsche Übersetzung aus der Mitte des 14. Jahrhunderts, die sicher nicht auf die lateinische, sondern auf die ursprüngliche niederdeutsche Fassung zurückgeht. Die lateinische Fassung gibt eine frühere Textstufe wieder, die nur bis zum Buch 6 (von 7) geht, und sie betont Mechthilds Ausrichtung am Dominikanerorden und Heinrichs Mitautorschaft. Das könnte heute, da niemand die literarische und geistesgeschichtliche Bedeutung von Mechthild abstreiten würde, wie eine Anmaßung und geistige

18 Vgl. Hans Neumann: Beiträge zur Textgeschichte des Fließenden Lichts der Gottheit und zur Lebensgeschichte Mechthilds von Magdeburg. Nachr. d. Akad. d. Wiss. in Göttingen, Phil.-hist. Kl., 1954, Nr. 3, S. 27–80, hier S. 71.

Ausbeutung wirken, aber im 13. Jahrhundert stellte eine solche Behauptung vor allem einen Schutz für Mechthild dar: Heinrich, der Dominikanerlektor, übernahm die Mitverantwortung für das volkssprachliche Buch der Begine. Eckhart und Marguerite Porete sind wenig später jeweils auf Grund ihrer volkssprachlichen Texte verurteilt worden, deren Authentizität sie nicht abstreiten konnten. Wenn Mechthild angeklagt worden wäre, hätte sie die lateinische Fassung als authentisch angeben und alle volkssprachlichen Fassungen als weder publizierte noch publikationswürdige Vorstufen bezeichnen können. Vielleicht hätte Heinrich ihr das geraten, wenn es nötig geworden wäre. Mechthilds 7. Buch beklagt Heinrich als tot, sie schrieb aber weiter, für sie war also (erst jetzt oder immer schon?) das volkssprachliche Buch das eigentliche.

Elsbeth Stagel (gest. um 1360) war Dominikanerin in Töss, in einer Zeit, als dieses Kloster ein standesgemäßer Aufenthalt für ein Königskind war: Agnes von Ungarn, der Meister Eckhart sein »Buch von der göttlichen Tröstung« aus irgendeinem Grund hat zukommen lassen,[19] hatte gerade ihre Stieftochter Elisabeth, die Erbin von Ungarn, dorthin versperrt (1309).[20]

Seuse erzählt in seiner literarischen Lebensbeschreibung, Elsbeth habe sich um Rat an ihn gewandt, das war in der zweiten Hälfte der dreißiger Jahre. Sie kannte ihn wahrscheinlich zuvor flüchtig von den Besuchen, die ihm die Pflicht der geistlichen Betreuung von Frauenklöstern auferlegte. Die »Vita« berichtet im Kap. 33, daß Elsbeths Wunsch nach Belehrung sich an Stellen aus Schriften

19 Die Vorbehalte gegenüber der älteren Auffassung, Eckhart habe ihr den *Liber benedictus* dediziert, bei Kurt Ruh: Geschichte der abendländischen Mystik, Bd. 3, München 1996, S. 322f., scheinen mir sehr überzeugend.

20 Vgl. Ferdinand Vetter: Ein Mystikerpaar des 14. Jahrhunderts. Schwester Elsbeth Stagel in Töss und Vater Amandus (Suso) in Konstanz. Basel 1882 (Öffentliche Vorträge gehalten in der Schweiz, Bd. 6, H. 12), S. 10 und S. 51 A. 10.

Eckharts entzündet habe.[21] Schon kurz zuvor hatte die »Vita« erzählt, Elsbeth habe Heinrich nach seinem »Durchbruch zu Gott« ausgefragt und das Gehörte anfänglich heimlich niedergeschrieben.[22] Von dieser Niederschrift will er, wie er im Prolog erzählt, einen Teil verbrannt, den bewahrten Rest aber selbst überarbeitet haben.[23] Nach ihrem Tod klagt er darüber, daß ihm nun niemand mehr helfe und er seine Schriften allein zu Ende bringen müsse.[24] Es kann sein, daß Elsbeth ihm wirklich literarisch zugearbeitet hat; sicher ist es nicht. Aber auf jeden Fall wollte er es so aussehen lassen, als sei gerade dies der Fall, als hätte ihre geistliche Zusammenarbeit einen Teil seines Werkes allererst ermöglicht.[25] Das erhaltene chronikalische Buch über die Schwestern ihres Klosters Töss wird Elsbeth zugeschrieben, aber von niemandem als von Seuse.[26] Ob das Arbeitsbündnis und Elsbeths drängende Klugheit einmal Wirklichkeit waren oder ob sie immer nur in der Literatur existierten,[27] auf jeden Fall schildert Seuse die Arbeitsteilung so, daß beide der Nachwelt noch positiver im Gedächtnis bleiben: Seuse will in die Rolle des Kirchenvaters schlüpfen und ist daran interessiert, nicht als alleiniger Urheber seiner Selbstheiligsprechung zu erscheinen. Also schreibt er Elsbeth ein eigenes Werk zu und entwirft für sie eine Rolle, nach der sie seine Lebensbeschreibung begonnen und wesentlich mitgetragen hat. Auch der Bericht über den Anfang ihrer

21 Heinrich Seuse: Deutsche Schriften, hg. von Karl Bihlmeyer. Stuttgart 1907, S. 99.
22 Ebd., S. 97.
23 Ebd., S. 8,1–3.
24 Ebd., S. 109,6–8.
25 Vgl. Alois Maria Haas: Kunst rechter Gelassenheit. Themen und Schwerpunkte von Heinrich Seuses Mystik. 2. Aufl. Bern [u. a.] 1996, S. 26–29; Ursula Peters: Religiöse Erfahrung (Anm. 8), S. 135–142.
26 Vita, Kap. 33, ed. Bihlmeyer (Anm. 21), S. 97,1–5.
27 Übersicht über die Forschung bis 1988: Ursula Peters: Religiöse Erfahrung (Anm. 8), S. 137f., Fußn. 69.

Bekanntschaft könnte überformt sein: Seuse hat den Auftrag, Klosterfrauen geistlich zu leiten. Wenn sie von ihm wissen will, wie ausgerechnet der zehn Jahre zuvor verurteilte Meister Eckhart zu lesen sei, hat sie ihr Problembewußtsein aufs allerbeste unter Beweis gestellt und sich, soweit es einer ungelehrten Frau zukommt, auf der Höhe der Ereignisse gezeigt. Das wäre Grund genug, einander zu lieben: sie haben einander erhöht.

Margaretha Ebner (1291?–1351) stammte aus einem Patriziergeschlecht in Donauwörth. Sie wurde jung in Maria Medingen Dominikanerin und gewann im Kloster ihren häufigen und schweren Krankheiten geistlichen Sinn ab. Ab 1332 stand sie in engem Kontakt zu Heinrich von Nördlingen, der ihr Beichtvater wurde.[28] Heinrich muß begabt darin gewesen sein, Menschen für sich einzunehmen, er übte großen Einfluß auf die Frauen aus, die sich seiner geistlichen Leitung offenbar besonders gern unterstellten, aber er wußte auch größere Geister wie Johannes Tauler und Heinrich Seuse für sich zu gewinnen. In Nördlingen hatte er sich einen kleinen, weiblich dominierten Kreis geschaffen, in Maria Medingen bemühte er sich darum, mit Margarethas Hilfe zu demselben Ziel zu kommen. Die Beziehung der beiden ist, auch rein geistlich betrachtet, eine sehr einseitige Liebe: Heinrich tut, was ihm nützt und was er für richtig hält, in der weiten Welt, jedenfalls ist er, wenn auch nicht immer freiwillig, jahrelang ständig unterwegs; Margaretha tut auch, was er für richtig hält, sie erfüllt seine Wünsche, kümmert sich um seinen Kreis, während sie wartet und hofft. Aber er kommt zuerst selten und später nur noch alle paar Jahre. Schreiben ist ihm offenbar lieber, seine kleinen Aufmerksamkeiten (Reliquien, Gewürze und nützliche kleine Sachen) sind beständiger als er – es ist eine treue Liebe in der virtuellen Realität, die aber die rauhe Luft der Wirklichkeit nicht gut verträgt. Er kann Gefühle aufschreiben, die er nicht hat. Heinrich ist kein großer Geist, er hat uns keinen originellen Gedanken hinterlassen. Er hatte

28 Vgl. Ursula Peters (Anm. 18), S. 142–155.

keine Botschaft. Aber Margaretha hat an ihn geglaubt – wie viele andere auch – und deshalb ein Buch »Offenbarungen« geschrieben,[29] weil er es ihr aufgetragen hatte, für die lange Weile, in der er nicht kommen würde. Heinrich von Nördlingen ging es aber nicht vordringlich um den spirituellen oder theologischen Wert dieses Offenbarungs-Buches. Er hat Elsbeth als Schreibende, als Seherin, gebraucht. Indem sie diese Rolle einnahm, gab sie ihm die Möglichkeit, sie in göttliche Höhen zu heben und diesem unerreichbaren Ideal sittlichen Ernstes aus der Wurmperspektive beredte Plauderbriefe zu schreiben, ohne sich je ändern zu müssen:

> »Deinem lieblichen Antlitz, das von Glut der Liebe geläutert ist und vom Licht der Gnade widerleuchtet in den Mangel nach der Heiligen Dreifaltigkeit, weil es ganz und schön das Bild seines lieben Bildners empfangen hat in der Lust an Gott – dich grüßet ein armes Würmlein, das leider auf der Erde kriecht mit seinem widerwärtigen Leib, der mit seiner schädlichen Schwere mit ihm zieht und die Gabe Gottes vermindert.«[30]

Mit diesen Briefen hat Heinrich immerhin einen mittleren literarischen Rang und historischen Zeugniswert erreicht. Weil Margaretha für ihn bereitwillig die Heilige wurde, die sie in seinem Leben sein sollte, konnte er aus der Verpflichtung des Priesters und Theologen, stets überlegen zu sein, entkommen in eine Rolle, der er gerecht wurde. So hat er seinem Leben eine schriftstellerische Veredelung abgetrotzt, die ihm sein analytischer Verstand und seine theoretische Begabung versagt hätten, und dieses Kabinettstück einer Lebensleistung hat Margaretha vielleicht trübere Tage, aber sicher ein glänzenderes Angedenken verschafft.

29 Edition: Philipp Strauch: Margaretha Ebner und Heinrich von Nördlingen. Ein Beitrag zur Geschichte der deutschen Mystik. Leipzig 1882.
30 Philipp Strauch (Hg.): Margaretha Ebner (Anm. 29), S. 256 (übersetzt).

Stufenwege

Die Freitreppe zu Gott und ihr Architekt: Dionysius Areopagita

Im Alten Testament (Gen. 28,12) wird berichtet, daß Jakob träumte: »und siehe, eine Leiter stand auf Erden, die rührte mit der Spitze an den Himmel, und siehe, die Engel Gottes stiegen daran auf und nieder. Und der Herr stand oben darauf [...]«. Hier ist eine Vorstellung zitiert, die in vielen Religionen ausgestaltet ist, nämlich daß die Götter oben sind, die Menschen jedoch unten. Interessant an diesem Traumbericht ist, daß der Abstand stufenweise überwunden werden kann, wenn auch nur von Engeln. Sie bewegen sich in beide Richtungen, aufwärts und abwärts.

Das christliche Mittelalter interessierte sich durchaus für die Bewegungen der Engel, noch mehr jedoch für die Möglichkeiten des Menschen, zu Gott aufzusteigen. Der Lehrer, dem man in dieser Hinsicht besonders vertraute, wurde Dionysius Areopagita genannt, der Dionysius vom Areopag. Das spielte auf die Rede des Paulus an, von der die Apostelgeschichte (17,22–34) berichtet; dort war auf dem Areopag (dem Areshügel gegenüber der Akropolis) ein Mann aus dem Athener Rat unter den Hörern, der Dionysius hieß und sich nach der Rede des Paulus zum Christentum bekehrte. Diese Geschichte spielt in der ersten Hälfte des ersten Jahrhunderts; der Autor, um den es geht und der sich Dionysius nannte, schrieb frühestens im fünften Jahrhundert. Dennoch hat er im Laufe seiner Schriftstellerexistenz mit dem Gedanken gespielt, die Leser glauben zu machen, er sei nicht irgendein Dionysius, sondern der biblische. In einer seiner Schriften (De divinis nominibus III,2) hat er es implizit behauptet. Der Nachwirkung war das sehr zuträglich.

Sobald mittelalterliche Autoren Dionysius zur Hand nehmen und in seinen Formen zu denken fortfahren, wird

Mystik daraus. Dionysius hat eine Schrift verfaßt, die »Über die mystische Theologie« heißt. Daraus konnten die lateinischen Autoren des Mittelalters lernen, daß Mystik keineswegs nur mit Verzückungen zu tun hat, sondern auch mit Philosophie und Theologie. Die philosophisch anspruchsvollsten mystischen Gedanken der europäischen Geistesgeschichte nehmen hier ihren Anfang, all das, was in den Darstellungen meist »spekulative Mystik« heißt. »Mystisch«, also mit der alten Hauptbedeutung: geheimnisvoll, stellt Dionysius die Lehre von Gott, also die Theologie, aus folgendem Grund dar: Über Gott möchte der Mensch gern etwas wissen, um sein Verhältnis zu Gott richtig zu bestimmen; aber strenggenommen kann er über Gott nichts wissen, weil Gott ganz anders ist als alles andere. Er beschreibt Gott also ausschließend: Gott ist nicht dies, nicht das. Das nennt man in der Beschreibungssprache heutiger Theologen »negative Theologie«.

So bestand für Dionysius eine Spannung zwischen Sagbarkeit und Unsagbarkeit Gottes. Weil man nicht erstreben kann, wovon man nichts weiß, und nicht an ein Ziel gelangen kann, das man nicht kennt, ist Gott, indem er unsagbar ist, auch unerreichbar, obgleich er doch nach dem Zeugnis der Offenbarung gesucht werden will. Dieses widersprüchliche Verhältnis begründet Dionysius mit der Stufung des Seienden (oder genauer: seiner wesensbestimmenden Tätigkeiten). Dionysius hat die Stufung in zwei Schriften, »Über die himmlische Hierarchie« und »Über die Hierarchie der Kirche«, beschrieben. Gott steht in diesem Modell an der Spitze jeder möglichen Hierarchie, denn Gott ist das schlechthin Eine, in dem alle Teilungen und damit auch alle Entgegensetzungen zusammenfallen. Dieses Zusammenfallen muß aus systematischen Gründen auf der Seinsebene und auf der begrifflichen Ebene gleichzeitig geschehen, sonst wäre nämlich der erreichte Punkt nicht der angestrebte, es gäbe immerhin noch die Trennung von Denken und Sein. Dieser Überlegung über das Eine folgt die gesamte mittelalterliche Theologie: Sein und Denken fällt in Gott zusammen.

Hierin war Dionysius Plotin gefolgt, einem Autor aus dem 3. Jahrhundert (ca. 205–270), mit dem die philosophische Schule beginnt, die man Neuplatonismus nennt. Plotin schreibt in der Schrift, die sein Schüler und erster Herausgeber Porphyrios »Das Gute (das Eine)« genannt hat:

> »(1) Alles Seiende ist durch das Eine ein Seiendes, sowohl das was ein ursprünglich und eigentlich Seiendes ist, wie das, was nur in einem beliebigen Sinne als vorhanden seiend bezeichnet wird. [...] (12) Überhaupt aber ist das Eine ein Erstes, der Geist dagegen und die Ideen und das Seiende sind kein Erstes.«[1]

Auch die Folgerung mußte für Dionysius interessant sein, denn sie führt geradewegs in eine Theorie der mystischen Versenkung:

> »(17) Entschließt sich aber die Seele sich rein für sich allein auf die Schau des Einen zu richten, dann sieht sie es indem sie mit ihm zusammen und Eines ist, und eben weil sie dann mit ihm Eines ist, glaubt sie noch gar nicht zu haben was sie sucht, weil sie von dem Gegenstand ihres Denkens selber nicht unterschieden ist.«[2]

Zu dieser Folgerung kommt Plotin durch die Erwägung, daß auch im Reich der Vielheit jedes einzelne Seiende für sich selbst Eines ist, und es ist deshalb in seiner Eigenart nur unter dem Gesichtspunkt des Einen zu erfassen. Ist das einzelne Eine beschrieben, so will der erkennende Mensch es einordnen; dazu arbeitet seine Erkenntnis mit Abstraktionen, die die Unterschiede und Entgegensetzungen der Objektebene in einer begrifflichen Einheit der Metaebene zusammenfassen: Der Gattungsbegriff reflektiert ein tatsächlich vorhandenes Eines höherer Ordnung. Der erkennende Blick geht also auf das Eine und damit immer auf das Nächsthöhere, bis er nur noch das schlecht-

1 Plotins Schriften. Übersetzt von Richard Harder. Neubearbeitung mit griechischem Lesetext und Anmerkungen. Bd. Ia, Hamburg 1956, S. 171, S. 175.

2 Plotin, Werke, hg. und übers. von R. Harder (Anm. 1), Bd. Ia, S. 177–179.

hin Eine vor sich hat. Das erkennende Subjekt, das das Eine zu denken versucht, erkennt es entweder nicht oder verschmilzt dabei mit ihm. Das ist der philosophische Ausgangspunkt der späteren *unio mystica*-Lehren und gleichzeitig eine klare Aussage über den Zusammenfall von Denken und Sein im Einen.

Das hat Dionysius offenbar fasziniert. Vielleicht kannte er Plotins Werke auch nur mittelbar, mit großer Wahrscheinlichkeit hat er aber Schriften seines Zeitgenossen Proklos (gest. 485) benutzt, die gerade die Gedanken vom Einen weiterverfolgten. Für Proklos ist – wie für Platon – das Denken eine Aufstiegsbewegung, an der der ganze Mensch beteiligt ist. Er kann seine eigene Welt gedanklich nur transzendieren, wenn er sich dazu in den Stand setzt, also wenn er sich nicht von ihr festhalten läßt, wenn er ihre Wahrnehmungsweisen und Vorstellungen abstreift.[3] Das sind Gedanken, die später in mystischen Texten des Mittelalters häufig wiederkehren werden.

Dionysius sieht die ganze vernünftige Welt, die menschliche wie die himmlische, so organisiert, daß jeweils das höchste Wesen der niederen Seinsweise dem niedersten der nächsthöheren Seinsweise so ähnlich ist, daß beider Naturen einander berühren.[4] Hierarchie ist deshalb für ihn ein Zentralbegriff; und alle Hierarchie ist um der Vervollkommnung ihrer Glieder willen:

> »(1) Die Hierarchie ist nach meiner Ansicht eine heilige Stufenordnung, Erkenntnis und Wirksamkeit. Sie will nach Möglichkeit zur Ähnlichkeit mit der Gottheit führen und gemäß den ihr von Gott verliehenen Erleuchtungen in entsprechendem Verhältnis zum Nachbilde Gottes erheben. [...]

3 Proclos, In Alc. 245,6 ff., In Parm. 1025,1ff. Vgl. Werner Beierwaltes: Proklos. Grundzüge seiner Metaphysik. Frankfurt am Main 1965, S. 282.

4 De divinis nominibus, Kap. VII. Die lat. Übersetzung des Johannes Scotus Eriugena ist ediert bei Migne, PL 122, die Stelle Sp. 1155D.

(2) [...] Zweck der Hierarchie ist also die möglichste Verähnlichung und Einswerdung mit Gott. Hierbei hat sie ihn selbst zum Lehrmeister in jeglicher hierarchischen Erkenntnis und Wirksamkeit, blickt zu seiner göttlichsten Schönheit unverwandt empor, gibt dieselbe soweit als möglich im Nachbild wieder und vervollkommnet ihre Mitglieder zu göttlichen Bildern, zu lautersten, fleckenlosen Spiegeln, welche im Stande sind, den urgöttlichen Strahl aus der Urquelle des Lichtes in sich aufzunehmen, zu Spiegeln, welche dann, von dem einstrahlenden Glanze heilig erfüllt, diesen hinwieder neidlos über die nächstfolgenden Ordnungen leuchten lassen, sowie es den urgöttlichen Satzungen entspricht. Denn es ist den Trägern der heiligen Weihegewalten oder den Empfängern der heiligen Weihen nicht erlaubt, überhaupt etwas zu wirken, was gegen die heiligen Anordnungen des Urhebers ihrer eigenen Weihe verstößt. Nicht in irgendeinem Widerspruch dürfen sie zu ihm stehen, wenn sie seines vergöttlichenden Glanzes begehren und mit geziemender Heiligkeit auf ihn blicken und gemäß dem entsprechenden Grade, den jeder der heiligen Geister einnimmt, nach ihr sich umbilden.

Demnach besagt der Ausdruck ›Hierarchie‹ eine gewisse ganz heilige Institution, ein Abbild der urgöttlichen Schönheit, welches in hierarchischen Abstufungen und Erkenntnissen die Mysterien der entsprechenden Erleuchtung heilig auswirkt und Verähnlichung mit dem eigenen Urbild, soweit es nur immer geschehen kann, hervorbringt. Denn für jedes Mitglied der Hierarchie besteht die Vollendung darin, daß es seinem zuständigen Grade entsprechend zum Nachbild Gottes erhoben werde, ja daß es wahrhaftig, was noch göttlicher als alles andere ist, wie die Schrift sagt, zu einem Mitwirkenden mit Gott werde.«[5]

5 Dionysius Areopagita: Über die himmlische Hierarchie, Kap. III,1–2, übers. von Josef Stiglmayr: Des heiligen Dionysius Areo-

Dies gilt für die Hierarchie der Geistwesen; die Hierarchie der Kirche, also die der Menschen, beschreibt Dionysius grundsätzlich ähnlich. Dabei wird die Überschreitung der Grenze hin zur höheren Hierarchie als Möglichkeit schon vorausgesetzt:

> »Es kann aber unsere Wohlfahrt auf keine andere Weise erfolgen als durch die Vergöttlichung der Geretteten. Vergöttlichung hinwieder ist das höchstmögliche Ähnlich- und Einswerden mit Gott. Überhaupt ist dies das gemeinsame Ziel jeder Hierarchie; die ununterbrochene Liebe zu Gott und zu göttlichen Dingen, welche auf Gott fußend und in der Tendenz nach dem Einen sich heilig auswirkt [...]«[6]

Einen wichtigen Unterschied macht Dionysius aber zwischen dem Bereich der reinen Geistwesen und dem der Menschen. Der Mensch kann die göttliche Wahrheit nicht unmittelbar schauen und bedarf deshalb der vermittelnden Bilder. Dadurch gewinnt auch die tätige Nachahmung von Vorbildern Bedeutung, weil ein erleuchteter Mensch selbst Bild sein und damit zum höheren Sein vermitteln kann:

pagita angebliche Schriften über die beiden Hierarchien, aus dem Griechischen übers. [in Auswahl] von Josef Stiglmayr, Kempten/München 1911, S. 18–20. Griech.: Günter Heil/Adolf Martin Ritter (Hg.): Corpus Dionysiacum II. Pseudo-Dionysius Areopagita: De coelesti hierarchia, De ecclesiastica hierarchia, De mystica theologia, Epistolae. Berlin/New York 1991 (Patristische Texte und Studien 36), S. 17–19. Übersetzung nach Johannes Scotus Eriugena Migne PL 122, Sp. 1044 C–1045 B. Zum Status dieser Textfassungen Kurt Ruh: Geschichte der abendländischen Mystik. Bd. 1: Die Grundlegung durch die Kirchenväter und die Mönchstheologie des 12. Jahrhunderts. München 1990, S. 74–82. Der Abschnitt über Dionysius ist weitgehend identisch mit K. Ruh: Die mystische Gotteslehre des Dionysius Areopagita. München 1987 (= SB der Bayer. AdW, Phil.-hist. Kl.).

6 Dionysius Areopagita: Über die kirchliche Hierarchie, Kap. I,3, übers. von Josef Stiglmayr (Anm. 5), S. 96. Griech. Text ed. Heil/Ritter (Anm. 5), S. 65f., lat. nach Scotus Eriugena PL 122, Sp. 1073 A.

»Die ersten Führer unserer Hierarchie wurden von der überwesentlichen Urgottheit erst selbst mit der heiligen Gabe erfüllt und dann von der urgöttlichen Güte ausgesandt, um dieselbe auf ihre Nachfolger fortzupflanzen. Neidlos strebten sie aber auch von selber, weil ja göttlichen Sinnes, ihre Nachfolger emporzuführen und zu vergöttlichen. Notwendigerweise boten sie uns also bei ihren geschriebenen und ungeschriebenen Einweihungslehren im Einklang mit den heiligen Satzungen das Überhimmlische in sinnfälligen Bildern, das in Eins Geschlossene in Buntheit und Fülle, das Göttliche in menschlichen Analogien, das Stofflose im Stofflichen, das Überwesentliche in dem, was unser ist.«[7]

Die Teilhabe am Vollkommenen in absteigendem, unvollkommenem Maße ist eine Grundannahme neuplatonischen Denkens, die in der Ethik folgenreich umgekehrt worden ist: Wer sich vervollkommnet, steigt innerhalb seiner Seinsordnung, bis er an den Punkt gerät, an dem die nächsthöhere Ordnung beginnt; dann muß der Sprung versucht werden. Er gelingt nur, wenn der Mensch in seinem Denken und Handeln tatsächlich der Vollkommenheitsstufe der neuen Ordnung gerecht werden kann; der Wechsel in die sittlich vollkommenere Seinsordnung ist kein voluntativer Akt.

Wenn man versucht, sich den Aufstieg zu Gott oder zum Einen im Gedankenrahmen des Dionysius vorzustellen, bemerkt man sofort ein Hindernis: Die Grenzen der eigenen Natur lassen Metamorphosen kaum zu, der Mensch kann nicht mit seinem ganzen Dasein in einen der neun Chöre der Engel aufsteigen, die Dionysius unterscheidet. Der Aufstieg ist deshalb eine spirituelle Angelegenheit, die aber das Wesen der denkenden Kreaturen trifft. Der Geist gilt der stofflichen Welt gegenüber

7 Dionysius Areopagita: Über die kirchliche Hierarchie, I,5, übers. von J. Stiglmayr (Anm. 5), S. 99. Griech. Text ed. Heil/Ritter (Anm. 5), S. 67f., lat. nach Scotus Eriugena PL 122, Sp. 1073 C–D.

als höherwertig; er kann aufsteigen, auch wenn der Stoff haftet und verharrt.

Das Aufbauprinzip der einzelnen Ordnungen wird von der Tat her gedacht, jede höhere Ordnung kann etwas, was die niedere nicht kann. Für das Erlernen der höheren Fertigkeit erweist es sich allerdings als Hindernis, daß der Menschengeist ein körpergebundener Geist ist, denn körpergebundener Geist verhält sich anders als reiner Geist. Zum Beispiel können die immateriellen Engel Niederes mit göttlichem Feuer entflammen oder göttliche Weisheit ausgießen, ohne sich zuvor anzuverwandeln, was sie weitergeben. Anders als bei einem menschlichen Lehrer geht das göttliche Feuer-Licht oder die göttliche Weisheit unverwandelt durch den Engel, den immateriellen Geist, hindurch. Das könnte ein Mensch mit seiner ganzen Existenz nie leisten. Der Mensch muß immer verstehen, ehe er lehren kann, er gibt das Empfangene immer als Eigenes, Erfahrenes weiter. Seine Materialität hindert ihn, reiner Spiegel zu sein. Er kann sich von dieser Befangenheit aber freimachen, wenn er nichts Eigenes und nichts Menschliches mehr denkt und will, wenn er sich ganz zum Gefäß einer höheren Geistform macht.

In der Hierarchie des Dionysius, die nicht als Seins-, sondern als Tätigkeitsordnung begründet ist, gelten keine angemaßten Ränge, sondern nur die tatsächlich errungenen. Bei ihm liest sich das so:

> »Durch die Stufenordnung der Hierarchie ist es bedingt, daß die einen gereinigt werden, die anderen reinigen; daß die einen erleuchtet werden, die anderen erleuchten; daß die einen vollendet werden, die andern vollenden.«[8]

Diese nähere Beschreibung des Voneinander-Lernens als Reinigung, Erleuchtung und Vollendung hat eine Nach-

8 Dionysius Areopagita: Über die himmlische Hierarchie, Kap. III, übers. von J. Stiglmayr (Anm. 5), S. 20f. Griech. Text ed. Heil/Ritter (Anm. 5), S. 11, lat. nach Scotus Eriugena PL 122, Sp. 1045 B.

wirkung entfaltet, die man kaum überschätzen kann. So heißen künftig beinahe einhellig die Stufen auf dem Weg der geistigen Vervollkommnung des Menschen *via purgativa, via illuminativa, via perfectiva*: der Reinigungsweg, der Erleuchtungsweg und der Vollkommenheitsweg. Wie diese geistigen Wege genauer zu verstehen seien, haben verschiedene spätere Autoren jedoch verschieden erklärt.

Die Lehre des Dionysius von der Vervollkommnung durch Lernen war für spätere Leser schwer mit dem *religiösen* Ideal der *imitatio* zu harmonisieren. Das Lernen vom weiter Fortgeschrittenen, wie Dionysius es schildert, ist kaum vereinbar mit der *imitatio Christi*. Es handelt sich um eine systematische Unverträglichkeit zweier Vorstellungen, nicht um einen religiösen Gegensatz. Nun haben aber gerade franziskanische Theoretiker unter dem Eindruck, den Franziskus von Assisi hinterlassen hatte, die *imitatio Christi* als Weg zur Vollkommenheit betont. Wenn sie über den Reinigungsweg, den Erleuchtungsweg und den Vollkommenheitsweg sprachen, legten sie den mentalen Aufstieg weit weniger in das vernünftige Lernen und Verstehen als in die alltägliche Nachahmung des übermächtigen Leitbildes Jesu.

Christus nachzuahmen *(imitatio Christi)* galt nämlich in *religiösen* Bezügen als das höchste spirituelle Ziel überhaupt; in den *philosophischen* Bezügen des Dionysius dagegen übte der Aufsteigende stufenweise die Bewegungen des jeweils angrenzenden, höheren Seins ein. *Imitatio Christi* schätzt den menschlichen Vermittler gering, Dionysius braucht ihn dagegen unbedingt. Zwar räumt auch er ein, daß sich die quasigöttliche Geistfülle der Apostel (»die ersten Führer unserer Hierarchie« heißen sie in »Über die himmlische Hierarchie« I,5, Textausschnitt oben S. 66) zugunsten einfacher, menschlicher Überlieferung wieder verliert. Dem Apostel nachstreben ist schon nicht mehr dasselbe wie Jesus nachstreben, bei jedem Vermittlungsglied kommt mehr Menschliches herein. Das wäre ein Argument dafür, daß die Nachahmung am Ausgangspunkt der Geistfülle ansetzen muß, bei Christus, und der dreiteilige mystische Weg parallel zur *imitatio* dem Einen zustrebe. Aber Dionysius sagt ausdrücklich, daß jene ersten Führer der Hierarchie, die Apostel, »das Überhimmlische in sinnfälligen Bildern, das in Eins Geschlossene in Buntheit und Fülle, das Überwesentliche in dem, was unser ist«[9] boten. Lernen und Lehren im menschlichen Sinn ist für ihn notwendig und der richtige Weg. Das Höhere muß transformiert werden, um vom Niederstehenden geistig erfaßt werden zu können. Der mystische Weg zum göttlichen Einen ist Dionysius zufolge ein Bildungsweg, der mit vernünftigem Verstehen zu tun hat.

Die *imitatio Christi*, die nicht dem Schüler des Schülers des Schülers ... des Apostels folgte, sondern die sich wirklich unmittelbar an Christus orientierte, glich dagegen strukturell einem nachahmenden Lernen, bei dem der Lehrer ständig abwesend war und nur sein Standardwerk hinterlegt hatte, so daß die mittelalterlichen Verteidiger der *imitatio* – was ihnen nicht bewußt gewesen sein muß – die idealtypische Situation des Autodidakten beschworen. Dadurch entstand die groteske und aller früheren philosophischen Tradition fremde Situation, daß die Stufen des Wissens und die Stufen der Vollkommenheit auseinanderfielen. Die Stufen des Wissens erklomm nämlich jeder in seiner Ausbildung nach wie vor dialogisch, mit lebenden Lehrern und im aneignenden Widerspruch. Das war Alltagserfahrung für ihn. Die Stufen der Vollkommenheit wären jedoch nur über die *imitatio Christi* zu erklimmen gewesen; sie hatte er unterlassen, weil er mit dem Lernen beschäftigt war.

Für mittelalterliche Leser des Dionysius, die mit dem positiven Leitbild *imitatio Christi* im Kopf an die Texte herangingen, bestand also die Gefahr, daß der aufstrebende Geist nur die Wahl zwischen der einen und der anderen Verzweiflung hat: Entweder er strebt nach Erkenntnis Gottes, oder er übt sich in Nachahmung. Die Wege führen potentiell auseinander. Wenn eine Kultur so verfährt,

9 Textnachweis Anm. 7.

kann sie bald nicht mehr wissen, was das Ziel der Bildung, was richtiges Leben, was Weisheit ist.

Es ist die mystische Linie im mittelalterlichen Denken, die diesen Auseinanderfall von spiritueller Vollkommenheit und philosophischer Weisheit immer wieder zum Thema gemacht hat. Denn für die Mystiker war es ein Problem, wenn philosophische Weisheit und durch Nachfolge errungene Vollkommenheit sich nicht deckten; sie mußten sich ja entscheiden, wie sie den Aufstieg zu Gott beschreiben wollten. Wenn die philosophische Weisheit nicht in Dionysius Areopagita einen einflußreichen Fürsprecher gefunden hätte, wäre es ihr im Hin und Her der Erwägungen schlechter ergangen. Das mystische Vollkommenheitsdenken, selbst fraglos Theologie und über jeden Verdacht des Verstandesketzertums erhaben, konnte dem philosophischen Vernunftgebrauch spirituelle Würde verleihen.

Der Erfinder der gezählten Grade: Augustinus

Augustinus (354–430) hat sein vielfältiges Lebenswerk abgeschlossen, ehe Dionysius Areopagita begann zu schreiben. Für Augustinus waren die Grade auf dem Weg zu Gott nicht das zentrale Thema, sondern eines unter vielen. Er wurde im Mittelalter viel gelesen. Dabei erwies er sich für viele Themen als Fundgrube von Anregungen: Wie soll ein Gemeinwesen der Christen aussehen? Was kann die Seele? Was ist Lüge? Welche Rolle spielen Zahlenverhältnisse im Weltaufbau? Wie sucht Gott die aus, die er seligsprechen will? Dieser Vielfalt der Themen stand der nicht gerade einfältige, aber thematisch konzentrierte Dionysius gegenüber. Zudem galt Dionysius als der Aposteljünger, für die mittelalterliche Chronologie war er also der frühere Autor. Deshalb stellte es sich für die mittelalterlichen Leser so dar, als bestätige Augustin, was Dionysius behauptete.

Augustin erzählt im 7. Buch seiner »Bekenntnisse« (IX,13), er habe »einige Bücher der Platoniker« in lateinischer Übersetzung gelesen. Der Mann, der sie ihm empfahl, kommt in dem Bericht nicht gut weg, Augustin nennt ihn aufgeblasen und dünkelhaft. »Da las ich nun«, fährt Augustin fort, »zwar nicht mit diesen Worten, jedenfalls aber genau dasselbe, mit vielen und verschiedenartigen Beweisen unterbaut: ›Im Anfang war das Wort, und das Wort war bei Gott. Und Gott war das Wort. Dieses war im Anfang bei Gott.‹«[10] Das ist selbstverständlich keine Stelle aus Plotin, den er allerdings wahrscheinlich gelesen hat, sondern der Anfang des Johannesevangeliums. Die Beobachtung ist richtig, die Logos-Konzeption dieses Evangelisten knüpft tatsächlich an die der griechischen philosophischen Tradition an. Augustin tut nun so, als enthalte das Christentum alles, was die Platoniker zu sagen hätten, aber nicht umgekehrt. Dabei unterschiebt er der christlichen Religion Erkenntnisse, die der Christ gut gebrauchen kann, die aber nicht aus dem Christentum stammen, sondern eben aus der Philosophie. Zum Beispiel daß das Böse selbst keine Substanz ist, weil alles Seiende durch die Teilnahme am Sein als solches gut ist – das kann man aus keiner Offenbarung folgern.[11]

Nach Augustins Lektüre der ungenannten neuplatonischen Schriften zieht sich durch sein Werk eine Vorliebe für aufsteigende Linien und für zählbaren Fortschritt beim Aufstieg,[12] die man als traurige oder als tröstliche Transformation seiner Begabung für Philosophie ansehen kann. Wie später bei Dionysius folgt das Streben zum Einen als notwendige Umkehrung aus der stufenweisen

10 Aurelius Augustinus: Bekenntnisse. Mit einer Einleitung von Kurt Flasch. Übers., mit Anmerkungen versehen und hg. von Kurt Flasch und Burkhard Mojsisch. Stuttgart 1989, S. 182.

11 Vgl. Josef Koch: Augustinischer und dionysischer Neuplatonismus und das Mittelalter. In: Werner Beierwaltes (Hg.): Platonismus in der Philosophie des Mittelalters. Darmstadt 1969 (WdF 197), S. 317–342, hier S. 323f.

12 Vgl. Goulven Madec: Ascensio, ascensus. In: Augustinus-Lexikon, hg. von Cornelius Mayer. Bd. 1, Basel 1986–1994, Sp. 465–475.

Seinsmitteilung durch das höchste Sein.[13] Die Analogie zu Dionysius, den Augustin natürlich noch nicht kennen konnte, sprang den mittelalterlichen Lesern ins Auge. In der Frühschrift »Über die Musik«[14] erklärt Augustin, wie durch eine gestufte seelische Verarbeitung von Klang der Aufstieg zur Einsicht in kosmische Proportionen und überirdische Harmonien gelingen kann. In der Schrift »Über die wahre Religion« (26,49)[15] unterscheidet er sieben Altersstufen des neuen Menschen, vom Kind an den Brüsten der Geschichte, die mit Beispielen nährt, bis zur dauernden Glückseligkeit und ewigen Ruhe. Sieben Stufen der Seelentätigkeit gibt es auch in »De quantitate animae«, sie beginnen mit den vegetativen Funktionen und enden in der Gottesschau.[16]

St. Viktor lehrt den Aufstieg zur Gottesschau

Die Stiftsschule St. Viktor[17] war am berühmtesten bald nach ihrer Gründung (1108), zu der Zeit, als Bernhard von Clairvaux (1090–1153), Peter Abaelard (1079–1142)

13 Umfassend analysiert bei Leopold Wittmann: Ascensus. Der Aufstieg zur Transzendenz in der Metaphysik Augustins. München 1980.

14 Edition: Aurelius Augustinus: La musique. De musica libri sex. Œuvres de Saint Augustin, 1re série (opuscules) VII: Dialogues philosophiques, IV. Texte de l'édition bénédictine, introduction, traduction et notes de G. Finaert et F.-J. Thonnard. Desclée 1947 (Bibliothèque augustinienne 7). Dt. Übersetzung, nicht ganz unbedenklich, aber die einzige: Aurelius Augustinus: Musik. Erste dt. Übertragung von Carl Johann Perl. 3. Aufl. Paderborn 1962.

15 Edition: Klaus-Detlef Daur, CSEL 32, Turnout 1962, S. 169 bis 260. Vgl. Kurt Ruh: Geschichte der abendländischen Mystik. Bd. 1, München 1990, S. 91–97.

16 Vgl. Karl-Heinz Lütcke: Animae quantitate (De-). In: Augustinus-Lexikon, hg. von Cornelius Mayer. Bd. 1, Basel 1986 bis 1994, Sp. 350–356, bes. Sp. 354.

17 Vgl. vorn S. 25f.

und Wilhelm von St. Thierry (um 1090–1148/49) lebten. Die größte Nachwirkung unter allen ihren Zöglingen konnte man Petrus Lombardus (gest. 1160) nachrühmen, dem Mann, der auf den naheliegenden Einfall gekommen war, ein Arbeitsbuch für Theologiestudenten bereitzustellen: Er versammelte Väter- und andere Lehrerstellen, auch widerstreitende, unter leitenden Überschriften, die den Forschungsstand und das Forschungsinteresse seiner Zeit widerspiegelten, und unterbreitete in aller Knappheit seinen Vorschlag, sie als einheitliche Wahrheit zu begreifen. So entstanden die berühmten »Sentenzen«, die bis ins 16. Jahrhundert an theologischen Studienanstalten Pflichtlektüre blieben und kommentiert wurden.

Wenn es aber so etwas wie einen Geist von St. Viktor gegeben hat, dann läßt er sich am schlechtesten aus diesen »Sentenzen« beschwören. Der Geist von St. Viktor ist auf Mystik spezialisiert; und wenn solcherlei Geiste überhaupt spuken könnten und dürften, dann würde dieser sich an Leitern und auf Treppen einfinden, um befragt zu werden: Nach oben geht der geheimnisvolle Weg im Mittelalter.

Der Mann, der diese Ausrichtung der Schule maßgeblich bewirkt hat, hieß Hugo und kam 1114 nach St. Viktor. Ob seine Heimat im östlichen Vorharz, nämlich in Halberstadt, liegt oder in Flandern um Ypern zu suchen ist, konnte noch nicht entschieden werden. 1125 wurde Hugo in St. Viktor zum Lehrer bestimmt, und ab 1130 leitete er die Studien.

Für Hugo war Dionysius Areopagita eine prägende Lektüre. Er hat ihn in der lateinischen Übersetzung des Johannes Eriugena gelesen und kommentiert. Daß der eine gereinigt wird, der andere reinigt; der eine erleuchtet wird, der andere erleuchtet; der eine vollendet wird, der andere vollendet – dieser Gedanke des Dionysius aus dem Buch »Über die himmlische Hierarchie« (III,2) meinte für Hugo, ganz im Sinne des Dionysius und der spätantiken Bildungstradition, ein Lehren und Lernen, das sowohl die Wissensinhalte als auch den Lebensstil betraf; das eine gab dem anderen erst Sinn. Mit Reflexionen über die Weisheit beginnt Hugo seine Auslegung der »himmlischen Hierarchien«;[18] hier beklagt er, daß die heidnische Weisheit gern die Welt analysiere, aber auf die Vorschläge des Christentums zur *imitatio* nicht eingehe. Seine eigene Synthese entwickelt er in einem Curriculum der Wissenschaften, in dem Mathematik, Physik und Theologie zur theoretischen Philosophie gehören; sie sind stufenweise zu durchlaufen:

> »Durch die sichtbaren Formen der sichtbaren Dinge gelangt man nämlich zu den unsichtbaren Ursachen der sichtbaren Dinge; und über die unsichtbaren Ursachen der sichtbaren Dinge steigt man auf zu den unsichtbaren Substanzen und zu ihrer jeweils zu erkennenden Natur.«[19]

Darin nun, in der Lehre von den unsichtbaren Substanzen, muß die heidnische Wissenschaft der christlichen unterlegen sein. Christ sein heißt für Hugo: sich an den höchsten Rätseln des Denkens abmühen; und für ihn geht es selbstverständlich immer ganz nach oben, denken heißt: auf Gott zudenken.

In der kleinen Schrift »De modo dicendi et meditandi« (Über Redeweise und Betrachtungsweise) hat Hugo versucht, den Aufstieg zu Gott, von dem er bei Dionysius las, als Fortschritt im Wissen von Gott und Fortkommen in der Sittlichkeit zu verstehen; bei Hugo bringt eines das andere voran, keines hat lange den Vorrang, das andere zu bestimmen. Das Lernen und Lehren ist grundsätzlich ein dia-

18 Hugo von St. Viktor: Commentaria in Hierarchiam Coelestem S. Dionysii Areopagitae, lib. I, cap. I, Migne PL 175, Sp. 923.

19 Hugo von St. Viktor: Comm. in Hier. Coel. S. Dionysii Areopagitae, Migne PL 175, Sp. 923–1154. Lib. I, cap. I, Sp. 928 (übersetzt). Die Wissenschaftseinteilung in diesem Punkt ähnlich, in anderen abweichend, umfassender, im Didascalicon II, 1–2. Hugo de St. Victore Didascalicon De Studio Legendi, A Critical Text, ed. b. Charles Henry Buttimer, Washington D. C. 1939, S. 23–25. Entspricht Migne PL 176, Sp. 751 A–752 C.

logischer Prozeß. Lehrer und Lernender sind aber nicht stets aufeinander bezogen, sondern auch jeweils allein mit einem Gegenstand. Übergreifend unterscheidet Hugo:

> »Dreifach ist das geistige Leben: das Denken (cogitatio), die Betrachtung (meditatio) und das Schauen (contemplatio). Denken vollzieht sich, wenn der Geist durch das Erkennen der Dinge vorübergehend berührt wird, wenn die Sache selbst abbildhaft dem Geiste plötzlich gegenwärtig wird [...] Die Betrachtung ist eine beharrliche und scharfsinnige Bearbeitung des Denkens, bemüht, irgendein Dunkel zu erhellen oder auf der Suche, Verborgenes zu durchdringen. Das Schauen ist der deutliche, freie und allseitige Blick des Geistes in die zu schauenden Dinge.«[20]

Betrachtung, *meditatio*, ist die mittlere Stufe; erst die Schau, die *contemplatio*, führt letztlich zu Gott:

> »Nun gibt es zwei Arten des Schauens, die eine, die auch die erste oder die der Anfänger ist und in der Beschauung der Geschöpfe besteht, die andere, die die letzte und die der Fortgeschrittenen ist und besteht in der Beschauung des Schöpfers.«[21]

Die Schau Gottes, das ist nach Hugos eigener Definition der deutliche und freie Blick in ihn hinein. Gott schauen bedeutet, ihn zu verstehen, und das können nur wenige und nur nach besonderer Vorbereitung. Auf jeden Fall gehört diese Einsicht in Gott ins weitere Feld der *unio mystica*, auch wenn Hugo sie hier nicht so nennt. Gott schauen bedeutet größtes Glück und meint: in die göttliche Sphäre entrückt sein, das ist gemeinsame Ansicht der Theologen, seit Augustin (De Gen. ad litt. XII,27) darüber nachgedacht hat, was die Heilige Schrift über Moses im

20 Hugo von St. Viktor: Über die Weise zu reden und zu betrachten (De modo dicendi et meditandi), übers. von Paul Wolff. In: ders. (Hg.): Die Viktoriner. Mystische Schriften. Wien 1936, S. 76–81, hier S. 79. Lat. Textstelle Migne PL 176, Sp. 879 A.

21 Hugo von St. Viktor: De modo dicendi et meditandi, übers. von P. Wolff (Anm. 20), S. 79. Lat. Textstelle PL 176, Sp. 879 B.

Angesicht Gottes (Ex. 33,9) und über den entrückten Paulus (2. Kor. 12,2–4) berichtet. Mit anderen Worten: Hugo baut einen Treppenweg des Lernens, der über sittliche Vervollkommnung endlich zur Gottesschau führt.

Gottesschau – heißt das Einheit mit Gott, sich als Gott und wie Gott fühlen, in Gott aufgehen – also das, was unsere Beschreibungssprache *unio mystica* nennt?

Der klare Blick ins Wesen Gottes, den Hugo anführt, ist nicht von unten nach oben denkbar. Ein Wesen einer niederen Seinsordnung kann eines der höheren Seinsordnung nicht in dessen eigentlichem Sein verstehen, solange die hierarchische Differenz besteht. Gott verstehen setzt voraus: göttlich sein, auf der Stufe Gottes stehen. Das hieße aber gleichzeitig, Gott sein, Mit-Gott sein also. Nun durfte aber keine Vielgötterei entstehen, Gott hatte deshalb auf seiner Stufe nichts neben sich und keine abtrennbaren Teile. Mit-Gott sein und Gott beschauen konnte der Mensch nur drinnen, in Gott. Dieser Gedanke spricht dafür, daß *contemplatio* Gottes und *unio* mit Gott dasselbe meinen.

Dagegen scheint zu sprechen: Der Akt des Schauens evoziert die Trennung von Subjekt und Objekt, der Schauende ist nicht das Geschaute, es sei denn, daß die Schau seiner selbst und die Schau Gottes zusammenfielen. Ist »der deutliche, freie und allseitige Blick des Geistes in die zu schauenden Dinge«[22], also die Kontemplation, *allseitig* möglich, ohne daß sich das Subjekt seinem Objekt entgegensetzt? Kann man sich selbst, darf man sich selbst als Gott frei und allseitig erkennen? Denn man denkt über sich in denselben Gedanken nach wie Gott über sich, wenn die Subjekt-Objekt-Grenze zu Gott in der Schau fällt. An diesen Gebäude der Erwägungen wird sich die philosophische Theologie und Mystik um 1300 ausgiebig abmühen.

Vom Sichtbaren zum Unsichtbaren aufsteigen – dieses Programm hat Hugo nicht nur auf die Erkenntnistätigkeit des Geistes bezogen, sondern auch auf die Liebe. In der

22 Textnachweis vgl. Anm. 20.

Schrift »Über den Brautpreis der Seele« (De arrha animae) läßt Hugo einen Menschen Zwiesprache mit seiner Seele halten. Die Seele erklärt, was sie lieben kann:

> »Was man aber nicht sehen kann, wie kann man es lieben? Fürwahr, wenn in den vergänglichen Dingen, die man sehen kann, die wahre und dauernde Liebe nicht wohnt, und wenn man nicht lieben kann, was man nicht sieht, dann folgt ein ewiges Elend jedem Lebenden, so bleibende Liebe niemals gefunden wird. Denn niemand kann ohne Liebe glücklich sein.«[23]

Diese einsichtige Seele läßt sich gern belehren, daß das primäre Liebesobjekt Gott sein muß, und es folgen beinahe nach Bernhard von Clairvaux klingende Erörterungen über die Liebe – aber mit einem großen Unterschied: Hier wird nach einem Adressaten für die Liebe regelrecht geforscht, Hugos Liebe ist nicht blind und taub und schon gar nicht dumm. Im Gegenteil: Der Kluge liebt besser, am rechten Ort und vielschichtiger, das ist Hugos unmißverständliche Ansicht. Von Hugo aus jedenfalls kann die liebende Seele nicht gegen die denkende ausgespielt werden.

Richard von St. Viktor (gest. 1173), Hugos Schüler und Prior in St. Viktor, hat die Vision eines umfassend mentalen Aufstiegs zu Gott noch genauer beschrieben. Auch er hat an stufenweisen Aufstieg gedacht, und zwar an einen Aufstieg durch Kontemplation. Das ist in seinem Verständnis eine komplexe geistige Operation, die Selbstbesinnung voraussetzt, Erkenntnis über ein Objekt liefert und das emotionale Verhältnis zum Objekt bestimmt: Jeden würdigen Gegenstand der Betrachtung liebt der Betrachtende nach dem erkannten Grad von Würde.

In seiner wichtigsten Schrift, dem »Benjamin major«,[24]

23 Hugo von St. Viktor: Gespräch über die Brautgabe der Seele (De arrha animae). In: Die Viktoriner, übers. von P. Wolff (Anm. 20), S. 85–114, hier S. 88f. Lat. Textstelle PL 176, Sp. 953 C.
24 Edition und Interpretation: Marc-Aeilko Aris: Contemplatio. Philosophische Studien zum Traktat Benjamin major des Richard von St. Victor. Frankfurt am Main 1996.

beschreibt Richard die Stufen der Kontemplation, die zur Schau Gottes führt. »Benjamin major« (der größere Benjamin, es gibt nämlich noch eine kürzere Schrift, die auch von dieser biblischen Figur ausgeht) heißt die Schrift aus folgendem Grund: Die hebräische Bibel berichtete in einem Psalm (67,28) von Benjamin etwas, was man neuhochdeutsch wiedergeben könnte mit: Benjamin war der jüngste im Zug. Das Mittelalter kannte die Stelle so, wie sie vom Hebräischen ins Griechische, vom Griechischen ins Lateinische übersetzt worden war. In der üblichen lateinischen Übersetzung, der Vulgata, hieß die Stelle in irrtümlicher Wiedergabe: *Beniamin adulescentulus in mentis excessu,* das heißt: der junge Benjamin in einer Entrückung seines Geistes. Eigentlich gab die beschriebene Situation aber keinen Grund für Entrückung her. An dieser Stelle wurde deshalb in den Kommentaren eine Erklärung zur Entrückung notwendig. Man interpretierte sie einhellig als Gottesschau.

Richard unterscheidet im »Benjamin major« sechs Grade der Kontemplation, die vom Sichtbaren zum Unsichtbaren führen. Der erste richtet sich auf die körperlichen Dinge; er heißt bei Richard *imaginatio secundum imaginationem,* sinngemäß: »Vorstellung, die auf der Ebene der Vorstellung bleibt«. Der zweite Grad richtet sich auf die Ursachen und Ziele der körperlichen Dinge und heißt *imaginatio secundum rationem*: »Vorstellung, die sich an der Vernunft ausrichtet«. Der dritte steht für den Übergang vom Sichtbaren zum Unsichtbaren in der Erkenntnis der einzelnen Sache und heißt *ratio secundum imaginationem*: »Vernunft, die die Vorstellung berücksichtigt«. Auf der vierten Stufe verhält sich der menschliche Geist reflexiv zu Geist überhaupt (auch zu dem der Engel), er gewinnt so eine »Vernunft, die auf der Ebene der Vernunft bleibt« *(ratio secundum rationem)*. Der fünfte Grad bezeichnet eine Betrachtung dessen, was der übersinnlichen Welt angehört und was der menschlichen Vernunft nicht widerspricht, aber nicht vernünftig erklärt werden kann. Der sechste Grad schließlich richtet sich auf Glaubenssätze, die gegen die menschliche Vernunft sind (z. B. die Gleichung 3 = 1 in der Trinität). In seiner Erklärung dieser sechsten Stufe hat Richard die ganze Ratlosigkeit der Theologen gegenüber neoplatonischen Überzeugungen artikuliert: Wenn Christus der Logos ist, wie sich aus dem Anfang des Johannesevangeliums schließen ließ: »Am Anfang war das Wort, und das Wort war bei Gott« – wenn also Gott-Sohn der Logos ist, warum steht er dann ausgerechnet zu seinem Vater und dem Heiligen Geist in einem unlogischen Verhältnis, zumindest vom Blickpunkt der menschlichen Logik aus? Und wenn es der Wille des Schöpfers ist, daß der menschliche Verstand dort aussetzt, wo Gott anfängt – was hat es dann überhaupt für einen Sinn, weiter über Gott nachzudenken und nach dem Einen zu streben, da der Mensch nun einmal mit Menschengeist ausgestattet ist? Die vernunftwidrigen Glaubenssätze (auch die Substanzwandlung beim Altarsakrament gehört dazu) waren für das Streben nach oben, zum höheren Logos, wie man es von Dionysius lernen konnte, ein ernstes Hindernis. Vor jeder neuen Stufe konnte nämlich bisher der aufstrebende menschliche Geist sagen, was jetzt als nächstes zu tun sei: sich von der sinnengebundenen Vorstellung lösen, reflexiv denken usw. Nur seine eigene Verfaßtheit kann er nicht aufheben, er kann nicht nach etwas streben, was ihn in seinem Funktionieren lahmlegt, z. B. nach einem Geistmodus, in dem eins gleich drei ist und Wein zugleich Blut ist, es sei denn, es gäbe dafür eine Regel.

Richard präsentiert als ausweichende Lösung einen »Etagenwechsel« des aufsteigenden Geistes: Der reflexiv vernünftige Geist steigt mit seiner Sinn- oder Wesensvermutung vom fünften zum sechsten Grad auf und kann die Vermutung dort nicht erklärend einsetzen, weil die sechste Stufe gleichsam schon möbliert, mit Dogmen fest eingerichtet ist. Der Menschengeist kann sein Produkt dort auch nur begrenzt bestätigen oder widerlegen, denn die Verknüpfungsregeln logischer Sätze gelten hier nicht mehr. Wenn seine Vermutung nicht zum Inventar von dogmatischen Sätzen paßt, ist sie jedoch bedenklich.

Der Menschengeist hat also keine Hoffnung, irgendwelche Sätze oder ungelöste Probleme aus dem fünften Grad logisch konsistent und sinnvoll in den sechsten transformieren zu können und sie dort mit seinen bisherigen Lösungsstrategien zu lösen. Doch bleibt ihm der umgekehrte Versuch: Er nimmt einen Glaubenssatz im sechsten Stock von der Wand und bringt ihn unter dem Arm in den fünften hinab, in der Hoffnung, ihn dort zu beweisen oder zumindest widerspruchsfrei in einen Rahmen aus ableitbaren Sätzen zu bringen. Auch das muß fehlschlagen, weil im sechsten Geschoß eine andere Logik gilt, aber das konnte der Mensch zuvor nicht mit Sicherheit wissen, jetzt erfährt er es.

Dem denkenden und auf Gott zudenkenden Menschen entstehen durch die Ratlosigkeit seiner aufsteigenden Vernunft zwei neue Aufgaben. Zum einen kann er nun die Konstruktion einer höherwertigen Logik versuchen, um zumindest ein Gleichnis und Beispiel für die Bewegungsform eines vom Menschen unabhängigen Geistes zu gewinnen. Zum anderen kann er die Menge der wahren Sätze so eingrenzen, daß nur noch diejenigen inbegriffen sind, die die Existenz eines anderen Typs Logik nicht abstreiten. Richard fordert nämlich, daß

> »die Art des fünften Schauens das, was zu ihrem Blickfeld gehört, so aussagt, daß sie dabei keineswegs das, was zu dem andern gehört, entleeren will«[25].

Die Inhalte des sechsten Grades der Kontemplation können als menschlich unbeweisbares Offenbarungswissen die Menge der wahren Sätze wiederum erweitern. Richard findet das so einleuchtend, wie es der Struktur nach tatsächlich ist. Dadurch haben die Glaubenssätze über Gott denselben Rang wie unerklärte Naturphänomene. In dieser Art zu denken gibt es keinen Platz für Eifer gegen die Neugier und gegen die strebende Vernunft.

25 Richard von St. Viktor: Benjamin major, Kap. IV,19. Lat. Text (Neuedition gegenüber Migne) ed. Aris (Anm. 24), S. [114], Z. 26–28, übers. von Paul Wolff (Anm. 20), S. 293.

Im Gegenteil: Wenn die menschliche Vernunft es vermag, sich im Übergang vom fünften zum sechsten Grad zu verwandeln, sich vom göttlichen Denken erfassen zu lassen, wenn sie es schafft, den Horizont zu wechseln und in eine andere logische Syntax und Semantik einzutauchen, dann entfallen alle Hilfskonstruktionen, dann versteht sie alles. Das ist ein mächtiger Antrieb zum Forschen.

Den Zustand des Über-sich-Hinausgehens nennt Richard im Rückgriff auf den Bibeltext *excessus mentis*, »Entrückung des Geistes«. In der Entrückung denkt der Mensch immer noch, aber er denkt in den Maßstäben Gottes, in einer höheren Syntax. Diese Entrückung kann der Mensch bei Richard aus eigener Bemühung erreichen (sie ist also als bewußte Relativierung der eigenen Denkvoraussetzungen gedacht); einigen wird sie allerdings geschenkt (IV,23). Der *excessus* ist ein Außer-sich-Sein des Geistes, das mit Unzurechnungsfähigkeit nichts zu tun hat; vielmehr nimmt der Geist zeitweilig eine Perspektive ein, in der er nicht entweder im fünften oder im sechsten Stockwerk des geistigen Gebäudes ist, sondern darüber oder daneben, so wie der Architekt, der sich über ein aufgeschnittenes Hausmodell beugt. Das ist also eine Perspektive, die einem Bewohner des geistigen Gebäudes normalerweise nicht offensteht und die seine Dimensionen übersteigt. Der Geist ist dabei beinahe göttlich und spricht alle logischen Sprachen, und deshalb geht Richard sehr weit, wenn er behauptet, daß der Mensch sich diese Ausnahmelage selbst erarbeiten könne. *Unio mystica* aus eigener Kraft! Gleiches hat nicht einmal Eckhart später wieder behauptet.

Allerdings tritt Richard im fünften und letzten Buch seiner Schrift wieder einen Schritt zurück. Hier beschreibt er, wie der *excessus* zustande kommt: Zuvor weitet sich das Bewußtsein (*dilatatio mentis*, Kap. V,3) und erhebt sich der Geist über die Ebene des deduktiven Denkens (*sublevatio mentis*, Kap. V,4).

Diese Schritte werden nun rein phänomenologisch beschrieben, als ginge es nur um ihre Tatsächlichkeit, nicht darum, *wie* man sie gehen kann. Die Sprache verrät das Zögern vor der Konsequenz: Während *dilatatio* (wörtlich: Verbreiterung) durchaus vom Subjekt her gedacht ist, das sich verbreitert (von der Mitte her, wie ein Mensch sich mit den Ellenbogen Platz verschafft oder ein Fluß durch eine Überschwemmung), fordert *sublevatio* (Hochheben von unten aus) eigentlich einen Erhebenden, in der Bildlogik ist die Hand mitgedacht, die sich unter den Geist schiebt und ihn näher ans Licht hält (und auch die Erleuchtung, von der dann die Rede ist, braucht ein Erleuchtendes). Die helfende Hand Gottes und seine erleuchtende Gnade, die hier in den Formulierungen verborgen sind, gehören zu den traditionellen Versatzstücken für die Beschreibung mystischer Erhebung, die auch bei Bernhard von Clairvaux oder bei Wilhelm von St. Thierry stehen könnten.

Richards Beschreibung der Schwierigkeiten des gottsuchenden Menschen stellt das Problem den nächsten Generationen klar vor Augen: Es gibt keine *unio mystica* des menschlichen Geistes mit dem göttlichen Logos, wenn die menschliche Vernunft nicht irgendwie auf dessen Ebene klettern, sich einen übergeordneten Standpunkt modellieren kann. Nur wenn man nach Richards Vorschlag die Logiktypen wechseln kann, ist das Übernatürliche nicht schlechthin widervernünftig. Steht man dem aber skeptisch gegenüber, dann muß man an dem Unternehmen verzweifeln, denkend zu Gott aufsteigen zu wollen. Dann kann man nur eine *unio mystica* ohne Vernunft, allein auf der Basis von Liebe und Wollen, ansteuern.

Bonaventuras dreifacher Stufenweg

Bonaventura[26] ist der Ordensname des Johannes Fidanza, der 1217 oder 1221 in der Gegend um Viterbo geboren wurde und um 1243, in der Mitte seiner Studien, in den Franziskanerorden eintrat, in dem er 1254 sein

26 Zu Bonaventuras Aufstiegslehren vgl. Marianne Schlossers Kommentar zu ihrer Ausgabe: Bonaventura. De triplici via. Über

Studium mit dem theologischen Doktorgrad abschloß. Er wurde 1257 General des Ordens und schrieb 1261 ein neues Franziskus-Leben, um die Konflikte innerhalb des Ordens beizulegen; schon 1260 hatte er förmliche *Constitutiones* (»Bestimmungen«) für den Orden zusammengestellt, also eine kodifizierte Regel. 1273 ist er Kardinal geworden, 1274 gestorben. Bonaventura hat es verstanden, dem Orden eine Theologie vorzuschlagen, die verbindend wirkte: Die rigorosen Schüler des Franziskus sahen sich in ihrer Vernunftskepsis, die Bonaventura teilte, richtig verstanden; die Wissenschaftler sahen sich gut vertreten wegen der Anleihen bei Aristoteles und Dionysius, die Bonaventura nahm. Beide Gruppen fanden sich mit der Verwässerung ihrer eigentlich strengeren Positionen ab, weil sie die Dignität der Tradition anerkannten, aus der Bonaventura schöpfte: Er bediente sich reichlich aus dem Fundus mystischer Lehren des 12. Jahrhunderts.

So hat Bonaventura wenig an neuen Ideen zur Theorie der Mystik beigetragen; seine Ansichten über das Verhältnis des Menschen zu Gott bezieht er im wesentlichen aus Bernhard und den Viktorinern. Aber was die handhabbare Anweisung für den konkreten Weg zu Gott anlangt, war er *die* Autorität in seinem Jahrhundert, und er ist einer der wichtigen Autoren zu diesem Thema auch für das 14. und 15. Jahrhundert geblieben.

Von Bonaventuras mystischer Anweisungsschrift »De triplici via« (Über den dreifachen Weg) gibt es noch heute ca. 300 Abschriften, die zwischen der Entstehung der Schrift zwischen 1257 und 1274 und dem Anfang des Druckzeitalters, also vor rund 500 bis 700 Jahren, kopiert

den dreifachen Weg. Lat./dt. Übers. und eingeleitet von Marianne Schlosser. Freiburg [u. a.] 1993, S. 34–89. Den Versuch, eine St. Viktorsche Synthese zwischen Wissenschaft und Lebensleitung für das 13. Jahrhundert zu schaffen, beschreibt Andreas Speer: Triplex veritas. Wahrheitsverständnis und philosophische Denkform Bonaventuras. Werl 1987, bes. S. 48–52.

wurden.[27] Weil man außerdem mit Verlusten rechnen muß, zeigt diese Zahl eine für einen mittelalterlichen mystischen Autor gewaltige Überlieferung an. Die Werke Meister Eckharts, Taulers und Seuses zusammengenommen erreichen davon nur einen kleinen Bruchteil.

Der dreifache Weg, von dem der Titel spricht, zitiert implizit Dionysius (Reinigungsweg, Erleuchtungsweg, Vollkommenheitsweg). Natürlich geht es um den Weg zu Gott. Bonaventura richtet seine Darstellungsweise jedoch so auf Zählbarkeit und Operationalisierbarkeit aus, daß es ganz leicht aussieht, bis in die Nähe Gottes, zum ewigen Leben, hinaufzusteigen. Die wichtigste Zahl ist die Drei. Im Prolog, in dem die nachfolgende Textgliederung erklärt werden soll, machen die Dreischritte den Leser regelrecht schwindelig. Man muß allerdings einräumen, daß Hugo von St. Viktor gelegentlich auch so verfährt, z. B. gibt es in der oben zitierten Schrift »De modo dicendi et meditandi« auch überdurchschnittlich viele Doppel- oder Dreischritte auf kleinstem Raum, mit deren Hilfe man sich die vielen Unterscheidungen der behandelten Begriffe einprägen soll. Bei Bonaventura dagegen ist die Abzählbarkeit aus dem mehrfachen Schriftsinn hergeleitet; die Zahlreihen schreiten nicht fort, sondern sie vervielfältigen.

> »1. ›Siehe, dreifach habe ich sie dir beschrieben ...‹ [Spr. 22,20 Vg.]. Da jede Wissenschaft das Zeichen der Dreifaltigkeit trägt, muß insbesondere jene Wissenschaft, welche in der Heiligen Schrift gelehrt wird, die Spur der Dreifaltigkeit aufweisen. Daher sagt der Weise über diese Wissenschaft, er habe sie dreifach beschrieben, da sie einen dreifachen geistlichen Sinn hat, den moralischen, allegorischen und anagogischen. Dieses dreifache Verständnis entspricht drei hierarchisierten Akten, nämlich der Reinigung, Erleuchtung und Vollendung. Die Reinigung aber führt zum Frieden, die Erleuchtung zur Wahrheit, die Voll-

27 Vgl. Marianne Schlosser (wie Anm. 26), S. 10.

endung zur Liebe. Hat die Seele diese drei vollkommen erreicht, so bewirkt das ihre Seligkeit; insofern sie aber jetzt auf diesem Weg wandelt, erlangt sie Wachstum ihrer Verdienste. An der Erkenntnis dieser drei hängt die Wissenschaft von der ganzen Heiligen Schrift, ja an ihr hängt auch der Gewinn des ewigen Lebens. Du mußt nun wissen, daß man sich, was diesen dreifachen Weg angeht, auf dreifache Weise einüben kann: durch betrachtende Lesung, durch Gebet und durch Beschauung *(legendo et meditando, orando et contemplando)*.«[28]

Ein Blick zurück auf Hugo von St. Viktor zeigt die fundamentale Verschiebung gegenüber der viktorinischen Lehre vom Aufstieg zu Gott: »Dreifach ist das geistige Leben: das Denken (cogitatio), die Betrachtung (meditatio) und das Schauen (contemplatio)«, hatte Hugo geschrieben.[29] Das geistige Leben der Vernunftseele begann bei Hugo mit dem Denken; dann kamen aufsteigend Meditation und Kontemplation; dieses geistige Leben war zugleich ein Weg zu Gott. Bonaventuras Dreischritt läßt das Denken aus und setzt dafür das Gebet ein, er gibt ihm sogar gegenüber der Meditation die höhere Stelle.[30]

28 Bonaventura: Über den dreifachen Weg, übers. von Marianne Schlosser (Anm. 26), S. 95.
29 Hugo von St. Viktor: De modo dicendi et meditandi, übers. von P. Wolff (Anm. 20), S. 79. Vgl. oben S. 75.
30 Die dem ganzen lateinischen Mittelalter geläufige Bestimmung des Gebets nach Johannes Damascenus, De fide orthodoxa III,24, PG 94, 1089 als *intellectus in deum ascensus*, also als die zu Gott aufgestiegene Vernunft, hat bei Meister Eckhart die umgekehrte Rolle gespielt, dort war die auf Gott gerichtete Vernunfttätigkeit, die sich von Gott formen läßt, gleichzeitig auch Gebet; bei Bonaventura ist es tendenziell umgekehrt, er sieht das Gebet auch als Vernunfttätigkeit. Zum Problem vgl. Niklaus Largier: »Intellectus in Deum ascensus«. Intellekttheoretische Auseinandersetzungen in Texten der deutschen Mystik. In: DVjS Bd. 69 (1995), S. 423–471, bes. S. 423f.

Bonaventuras Grobgliederung nach Lesen und Meditation, Gebet und Kontemplation ist jeweils wiederum mit Stufenlehren ausgefüllt, die Reinigung, Erleuchtung und Vollendung jeweils mit speziellen Inhalten belegen. Die Lektüre läuft auf demselben Weg, wie ihn die aufsteigende Seele vorwärts geht: Sie durchläuft die drei Stufen der Meditation, beginnt sodann mit der niedrigsten des Gebets usw.

Die höchste Stufe der Kontemplation, diejenige, die zur Vollkommenheit führt – also in die Nähe Gottes –, ist mit brautmystischen Vorstellungen beschrieben. Das Ziel heißt *dulcor caritatis*, das bedeutet »Wonne der Liebe«. Das also ist Bonaventuras Auffassung von *unio mystica* (der Begriff taucht nicht auf): Die Vereinigung mit Gott ist wesentlich Liebeshandeln, und sie ist lustvoll.

> »6. Sieben Stufen sind es zur Wonne der Liebe, die im Empfang des Bräutigams besteht: Wachsamsein, das nicht schläfrig werden läßt, Vertrauen, das stärkt, Verlangen, das entflammt, Emporstreben, das die Seele über sich erhebt, Wohlgefallen, das Ruhe schenkt, Freude, die beglückt, ein Anhangen, das engstens verbindet. [...]
>
> Die Wachsamkeit soll dich in Spannung halten, denn der Bräutigam kann schnell da sein [...] Zweitens soll das Vertrauen dich stärken, denn der Bräutigam ist zuverlässig [...] Drittens soll dich das Verlangen entflammen [...] Viertens soll das Streben über dich hinaus dich emporheben, denn der Bräutigam ist von solcher Erhabenheit [...] Fünftens sollst du Ruhe finden im Wohlgefallen, denn der Bräutigam ist von solcher Schönheit [...] Sechstens soll dich die Freude beseligen, denn der Bräutigam ist die Fülle [...] Siebtens sollst du dich an ihn hängen und dich so mit ihm verbinden, denn die Liebe des Bräutigams ist stark [...]
>
> 7. Diese sieben Stufen haben eine Ordnung. Man gelangt weder vor der letzten Stufe zur Vollgestalt, noch erreicht man sie ohne die Zwischenschritte, die jeweils miteinander verbunden sind. Auf der ersten Stufe ist

die Tätigkeit des Denkens noch stark, auf den weiteren Stufen aber hat die der Liebe die Herrschaft.«[31]

Auf Bonaventuras Stufenweg zu Gott führt das Denken nicht weit nach oben. Nur die Liebe ermöglicht ein Fortkommen. In der von Richard von St. Viktor ausgehenden mystischen Literaturtradition ist das die erste Stellungnahme, die ihre eigenen Voraussetzungen untergräbt, indem sie rät, die Welt der forschenden Kontemplation, das Reich der Vernunft, zu verlassen und sich auf die Liebe zu konzentrieren. Ein Gelehrter, dem die philosophisch-theologischen Wurzeln und die systematischen Schwierigkeiten der Aufstiegslehre sehr wohl bewußt waren, schreibt über den Aufstieg des Geistes zu Gott so, als hätte er mit Philosophie und Theologie nur sehr am Rande zu tun.

Hierarchie, wie ein Kaufmann sie sich vorstellt

Es gibt einen Text aus der rheinischen Mystik des Spätmittelalters, der wie eine populäre Erklärung des Dionysischen Stufen-Modells klingt, aber für Leute, denen seine philosophische Dimension weniger wichtig war als die moralische. Der Verfasser ist der Kaufmann Rulman Merswin. Sein »Neun-Felsen-Buch« liest man, nach den teils originellen, teils kompilatorischen, aber immer gelehrten Schriften des 12. und 13. Jahrhunderts über die Einigung mit Gott, voll Erstaunen: darüber, wie rührend naiv-körpergebunden man im 14. Jahrhundert die seinsordnenden Tätigkeits-Hierarchien des Dionysius verstehen konnte. Was schon bei Bonaventura angelegt war, tritt hier rein zutage: die Entfernung des Aufstiegsgedan-

31 Bonaventura: De triplici via, hg. und übers. von Marianne Schlosser (Anm. 26), Kap. 3.6–3.7, S. 153–157. Die konsequente Lesung *sponsus* (Bräutigam, in einem Teil der Überlieferung) statt *spiritus sanctus* (Heiliger Geist, in anderen Handschriften) hat Schlosser überzeugend begründet im Kommentar S. 81.

kens von seinen philosophisch-theologischen Wurzeln. Dieser Stufenweg zu Gott hat nichts Philosophisches mehr, er ist nicht einmal Theologie, sondern reine Religionsübung.

Rulman Merswin faßte 1347 den Entschluß, sich zugunsten einer Lebensform, die der klösterlichen ähnelte, von seiner Frau zu trennen (was nur mit ihrem Einverständnis möglich war). Damals war er 40 Jahre alt. Merswin wurde, wie seine Schrift »Vier anfangende Jahre« angibt, Taulers Beichtkind.[32] Seiner literarischen Behauptung nach stand er seit seinem geistlichen Neuanfang in Kontakt zu dem »Großen Gottesfreund aus dem Oberland«. Diesem wird, wiederum in der literarischen Behauptung, die Fiktion sein kann, ein Kreis von wenigen, aber erprobten Gefährten zugesprochen, die in einem Stift wie Weltpriester zusammenlebten. Eine solche Lebensform schwebte Merswin offenbar als ideal vor. Er kaufte 1367 ein verfallendes Kloster in Straßburg auf und zog sich mit seinen Anhängern dorthin zurück; er hat das Kloster zwar 1371 formell dem Johanniterorden – wohlgemerkt einem Ritterorden – übergeben, sich (und zwei Gefährten) aber den maßgeblichen Einfluß bei Lebzeiten gesichert. Das war bei Stiftungen nicht unüblich. Seinen (vielleicht erfundenen) Kontakt zu dem »Großen Gottesfreund« hat er unter strenge Geheimhaltung gestellt. Nach Merswins Tod wurden solche Schriften gefunden, zu denen er sich als Autor bekennt, und andere, die er dem »Gottesfreund« zuschreibt. Intensive Suche nach Nachrichten über diesen »Gottesfreund« hat bisher nur die Vermutung wahrscheinlicher werden lassen, daß es ihn nie gab. Die beiden Schriftengruppen sind weder besonders schön geschrieben noch besonders klug gedacht, aber sie atmen ein kaum überbietbares Pathos der Erwählung, das um so eindrucksvoller wirkt, je stärker man die sprachliche, logische und theologische Stümperei

32 Philipp Strauch (Hg.): Merswins Vier anfangende Jahre. Des Gottesfreundes Fünfmannenbuch. Halle 1927, S. 5,33–34.

darin erkennen kann. In Merswins »Neun-Felsen-Buch« heißt es:

»Die Antwort sprach: Tu deine Augen auf und sieh über dich. Der Mensch war gehorsam und sah über sich. Und er sieht, daß der sechste Fels gar greulich hoch über dem fünften Fels liegt, so daß sich der Mensch wunderte. Der Mensch sah auch, daß recht merkwürdig wenig Menschen den Weg von dem fünften Felsen zu dem sechsten Fels hinaufgingen. Und die Menschen, die hinaufgingen – wenn sie nach oben auf den sechsten Fels kamen, dann fielen sie so schnell wieder herunter, daß es ganz so aussah, als wären sie auf den Kopf aufgeschlagen. Diesen Mann deuchte auch, es blieben nur so wenige auf dem sechsten Felsen, daß ihm schien, als bliebe kaum einer von hundert Menschen auf dem sechsten Felsen. Darüber, was das bedeute, hätte dieser Mensch gern Aufschluß gewonnen [...].

Der Mensch sprach: Sage mir, mein Herzliebes, was für Menschen sind das? Die Antwort sprach: Das will ich dir sagen. Die Menschen, die hier auf diesem sechsten Felsen wohnen, das sind Menschen, die sich Gott überlassen haben und den Gottesfreunden ihren eigenen Willen übergeben haben an Gottes Statt; und sie haben einen festen Willen, daß sie bis zu ihrem Tod gehorsam und beständig bleiben wollen. [...]

Sage mir, mein Herzliebes, was fehlt diesen Menschen denn? Die Antwort sprach: Das will ich dir sagen. Der Fehler ist, daß der böse Geist zwischen diese Menschen eine greuliche große Angel geworfen hat, mit der fängt er sie und zieht sie hinaus, daß sie nicht weiter hinaufgehen können; denn der böse Geist ist über diese Menschen sehr erschrocken, und der Grund dafür liegt darin, daß der böse Geist sehr wohl erkennt, daß diese Menschen auf den rechten, sicheren Weg gekommen sind. Und es sind ja auch unter denen, die du bisher gesehen hast, die Menschen, die dem Ursprung am nächsten gekommen sind. Der Mensch sprach: Sage mir, mein Herzliebes, was ist die große Angel, mit der der böse Geist diese guten Menschen gefangen hat und die verhindert, daß sie weiter aufwärts gehen? Die Antwort sprach: Das will ich dir sagen. Die Angel, mit der der böse Geist diese Menschen fängt, das ist, daß diese Menschen gern ein wenig Trost von Gott hätten oder etwas Erkennbares von Gott, wie es andere Menschen haben. Der Mensch sprach: Ach mein Herzliebes, das hätte ich nicht gedacht, sondern daß es gut sei, wenn der Mensch etwas Gutes begehrt.«[33]

Rulman Merswin hat neun Felsen erfunden, sicher in Analogie zu den neun Chören der Engel des Dionysius Areopagita. Auch darin, daß sich die Vollkommenheitsstufe an geistigen Techniken mißt, hat er Dionysius richtig verstanden. Aber der große Unterschied zwischen dieser späten Rezeption des Stufenmodells und den Gedanken des Dionysius besteht darin, daß für Rulman Merswin die Bevölkerung der Vollkommenheitsstufe aus lauter Einzelkämpfern besteht, die sich allerdings untereinander kaum wesentlich unterscheiden. Sie gehen den Aufstieg allein an und fallen allein wieder herab, jeder auf seinen Kopf. Dionysius hatte den Aufstieg ganz anders gedacht. Er steht am Ende der antiken Tradition von Bildung, für ihn ist die unverwechselbare Ausprägung des einzelnen Geistes der Gewinn aus dialogischer Wissensaneignung und kollektiver Lebensführung. Dionysius denkt sich den Aufstieg innerhalb einer Hierarchiestufe und von einer Stufe zur nächsten als Resultat eines Erziehungsprozesses, im einzelnen beinahe dialogisch: Der Lehrer hilft dem Lernenden voranzukommen; die Rollen liegen aber nicht fest, es ist niemand nur Lehrer oder nur Schüler.

Rulman Merswin dagegen läßt die Menschlein nicht an Menschen ihren Ort bestimmen, sondern immer nur an Felsen. Sie versuchen hinaufzukrabbeln und fallen herab, wenn sie noch nicht reif dafür sind. Kein Lehrer beugt

33 Philipp Strauch (Hg.): Merswins Neun-Felsen-Buch. Halle 1929, Übersetzung zu S. 111,1–114,7.

sich hinab und zeigt ihnen, wie sie es richtig machen. Sie helfen auch ihrerseits nicht den Nachkommenden; jedenfalls gehört diese Hilfe nicht zum Wesen der gestuften Felsen. Das ist Hierarchie in einem sehr lebensweltlich realistischen Sinne.

Lebenskonzepte der Mystik

Kontemplation als Lebensprinzip

Bernhard von Clairvaux, Hugo und Richard von St. Viktor haben im 12. Jahrhundert, Bonaventura hat ein Jahrhundert später die Kontemplation ganz an die Spitze der Hierarchie geistiger Akte gestellt. Kontemplation war für sie auf den Stufenwegen zu Gott immer die Operation, mit der Gott erreicht werden konnte, soweit das überhaupt möglich schien. Aber wie mußte man leben, um zu solcher Gottesschau zu gelangen? Darüber waren sich die Autoren, die so einhellig für den Rang der Kontemplation gesprochen hatten, durchaus nicht einig. Bernhard sah das ortsfeste, durch eine Ordensregel gebändigte Leben in einem Kloster vor sich, er folgte darin seinem Freund und theologischen Verbündeten Wilhelm von St. Thierry.[1] Hugo und Richard von St. Viktor verstanden unter Kontemplation eine höhere Form der Wißbegierde und sahen also nicht nur das Kloster, sondern auch die Schule als Heimat der Kontemplation an. Für Bonaventura war Kontemplation eine Erkenntnisqualität, die nicht auf Erkenntnis fußt, sondern auf Liebe und Begehren. Dadurch engt er den möglichen Raum, in dem Kontemplation stattfinden kann, nicht ausdrücklich ein. Sein Kontemplationsbegriff führt nicht zwingend zurück ins ortsfeste Klosterleben, aber er strebt doch wieder weg von der Schule und Universität.

Trotz dieser Unterschiede hätten wahrscheinlich alle erwähnten Autoren dennoch einhellig geantwortet, wenn man ihnen die Frage vorgelegt hätte: Wie heißt der Lebensplan, der darauf zielt, bis zur Kontemplation Gottes zu gelangen? Dafür gab es einen stehenden Begriff,

1 Vgl. vorn S. 22.

der nicht strittig war: *vita contemplativa*, was wörtlich »beschauliches Leben« heißt, aber in heutiger Sprache treffender mit »theoretisches Weltverhältnis« wiederzugeben wäre. Diesen Lebensstil hatte jedoch das christliche Mittelalter nicht erfunden, sondern nur umgedeutet.

Platon (Phaidros 243E–257B; Politeia Buch 7) und Aristoteles (Nikom. Ethik I,3.6.13; VI,1–3; X,7–9) unterschieden Lebenstypen des Freien: ein lustvolles Leben, das dabei das Schöne und Lustspendende aufbraucht; ein praktisch-politisches Leben für die Gemeinschaft; ein beobachtend-philosophisches Leben.[2] Unter diesen Lebenstypen hatten sich die letzten zwei, der βίος θεωρητικός und der βίος πολιτικός oder πρακτικός, als *vita contemplativa* und *vita activa* (tätiges Leben) in die lateinisch-christliche Welt gerettet. Wenn die spätantiken Kirchenväter »theoretisch« in der *bios*-Lehre durch »kontemplativ« ersetzten, dann unterstellten sie damit: Wer sein Leben auf Theorie ausrichtet, der orientiert es auf die Schau Gottes. Einen Theorietyp außerhalb des Denkhorizontes von Theologie erkannte man zwar für die heidnische Vergangenheit an, man wollte ihn jedoch für die eigene Zeit nicht mehr akzeptieren. So nahm die *vita contemplativa* die Stelle des alten βίος θεωρητικός ein. Das Handeln für die Gemeinschaft blieb (trotz bedeutender Veränderungen im Verständnis von Gemeinschaft) der Gegensatzbegriff dazu. Das griechische »praktikos« ist deshalb ins Lateinische übersetzt worden mit »activus«; beides bedeutet »tätig«.

Biblische Lebenstypen

Bei Lukas (10,38ff.) wird erzählt, wie Jesus an einen Ort kommt, an dem zwei Schwestern wohnen, die Maria und Martha heißen. Martha sorgt für Jesus, Maria hört ihm zu. Martha bittet Jesus, er möge ihre Schwester zum Zu-

2 Vgl. dazu Hannah Arendt: Vita Activa oder Vom tätigen Leben. 6. Aufl. München 1989, S. 18–23.

fassen auffordern. Darauf sagt Jesus (ich zitiere den revidierten Luthertext): »Martha, Martha, du hast viel Sorgen und Mühe. Eins aber ist not. Maria hat das gute Teil erwählt; das soll nicht von ihr genommen werden.«

Diese Stelle ist, seit Origenes (ca. 185–254) sie so ausgelegt hatte,[3] immer wieder als Hinweis auf die Überlegenheit des Zuhörens und Lernens gegenüber der tätigen Sorge gedeutet worden.[4] Der originelle Denker Origenes war im Mittelalter wegen einiger Ansichten, die die spätere Kirche für verdächtig hielt, keine unbestrittene Autorität. Aber in diesem Fall war Augustinus gleicher Ansicht. Seine Predigten 103 und 104 über Lukas 10 legten, ganz im Sinne des Origenes, die Stelle »sie hat das gute Teil erwählt« so aus, daß Maria die bessere Wahl getroffen habe, auch wenn Marthas Lebensstil sittlich gut sei.[5] Damit war aktives Leben in Augustinus' Augen nicht schlecht, kontemplatives aber noch besser. Aktiv war man für die Zeit, kontemplativ für die Ewigkeit. Daraus leitete Augustin am Schluß der Predigt 103 ab, daß aktives Leben zugleich eine Vorstufe zum kontemplativen sein könne, daß es zu ihm hinführe.[6] Das blieb für Jahrhunderte die beherrschende Position.

Die spätantiken und noch die mittelalterlichen Exegeten hatten die Gewohnheit, zu wichtigen neutestamentlichen Stellen solche im Alten Testament zu suchen, die aufs Neue Testament vorzuverweisen schienen. Für Ma-

3 Origenes: Scholia in Lucam 10,42, Migne PG 17,351–353.

4 Vgl. Alois Maria Haas: Die Beurteilung der Vita contemplativa und activa in der Dominikanermystik des 14. Jahrhunderts. In: Brian Vickers (Hg.): Arbeit Muße Meditation. Betrachtungen zu *Vita activa* und *Vita contemplativa*. Zürich 1985, S. 111. Grundlegend: Dietmar Mieth: Die Einheit von vita activa und vita contemplativa in den deutschen Predigten und Traktaten Meister Eckharts und bei Johannes Tauler. Untersuchungen zur Struktur des christlichen Lebens. Regensburg 1969 (bes. S. 69).

5 Diese Texte: PL 38, Sp. 613–616; Sp. 616–618. Vgl. Mieth (Anm. 4), S. 84–96.

6 PL 38, Sp. 616.

ria und Martha, die Gleichnisfiguren für *vita activa* und *vita contemplativa*, waren das (auch bei Augustin in den genannten Predigten) die Töchter des Laban nach Gen. 29,10ff., Lea und Rachel. Lea, die ältere, wurde der Martha zugeordnet. Die *vita activa* erhielt dadurch eine zwiespältige Charakteristik: Lea ist fruchtbar, aber sie sieht nicht klar, denn sie ist augenkrank. Dagegen ist Rachel schön und weitblickend, aber fast unfruchtbar, und das glaubte man auf die *vita contemplativa* übertragen zu dürfen. Diese Zusammensicht der Stellen war noch in hochscholastischer Zeit, im 13. Jahrhundert, ganz selbstverständliches Gemeingut.[7]

Gegen diese traditionelle Auslegung von Lukas 10 sprach jedoch: Keiner der Evangelisten beschreibt das Leben der Apostel als theorielastig. Belehrtwerden und Lehren gehören unbedingt zum apostolischen Leben, aber eben nicht ausschließlich und vor allem nicht im Sinne von Wissenschaft. Paulus kümmert sich in seinen Briefen auch um die Regelung von Alltagsfragen. Offensichtlich bietet die Heilige Schrift außer Maria und Martha noch ein anderes Vorbild für sittlich einwandfreies Leben: den gemischten Lebensstil der Apostel, die *vita mixta*.

Lebensstile im Mönchtum

Kein theoretisches, sondern ein praktisches Interesse an Lebenszielen und Lebensregeln hatte Benedikt von Nursia (um 480 bis um 550), der Gründer von Monte Cassino (529). Er entwarf für seine Gründung Regeln des Tagesablaufs und Gemeinschaftslebens, die das Mönchtum in Westeuropa für alle Zukunft geprägt haben. Das Mönchsideal des Benedikt ist später in die treffende Formel »Ora et labora« (Bete und arbeite) gefaßt worden. Benedikt wollte tatsächlich weder ein kenntnisgesättigtes Gebets-

7 Sie steht auch bei Thomas von Aquin, Summa theologiae II bis II q. 182 a 1 co. Vgl. zum Überblick Mieth (Anm. 4), S. 108–117.

leben noch ein atemloses Arbeitsleben, sondern eines, dessen Tagesablauf Besinnung überhaupt zuläßt. Fünf bis acht Stunden Handarbeit täglich sieht die Benediktsregel für die Mönche vor. So übten sich die Männer, die ihr Leben Gott geweiht hatten, in Demut. Dem frühen Mönchtum war die römische Verachtung der groben Knechtsarbeit noch allgegenwärtig. Die Brüder jedoch nur symbolisch arbeiten zu lassen (und an ihrer Stelle andere, wie es später üblich wurde), konnten sich die frühen Klöster schlicht nicht leisten, die Demut mußte auch helfen zu überleben.[8]

Benedikt hatte mit seinen Vorschriften einen Lebenstyp einfangen wollen, der äußerliche Besorgungen und geistliche Sorge um sich gleichermaßen einschloß; er wollte Männer bilden, die ein tätiges Leben führten, in dem sie sich dennoch – mit der gehörigen Zeit dafür – der Besinnung auf Gott und sich selbst widmen konnten. Dieses Ideal war an der *vita apostolica* orientiert, dem Leben der Apostel, und es war so gedacht, daß das Leben nicht in zwei Hälften zerfallen sollte (nämlich in eine besinnungslose betriebsame und eine daran krittelnde reflektierende Hälfte), sondern daß Arbeit ein Bemühen um Gott war wie das Gebet und die Liturgie. Die tätige und die geistige Ausrichtung auf Gott sollten als wesensgleich empfunden werden. Die vorbildlich christliche Lebensform, so dachte Benedikt, sollte diese Scheidung also auch nicht kennen.

Das war großartig gedacht, aber schwer durchzuhalten. Schon im merowingischen Frankenreich zeichneten sich Widerstände und Grenzen ab. Wenn Söhne aus den ersten Familien Europas in die Klöster der Benediktiner kamen, dann wollten sie sich so weit nicht herablassen, Dienste zu tun, die nur Unfreien anstehen. Muße hatte für sie zu den Zeichen von Herrschaft gehört. Sie verstanden beide Bestandteile ihres neuen Lebens notwendig falsch.

8 Vgl. Regula Benedicti 48,7–9, CSEL 75, S. 116.

Im Klosteralltag zeigte sich, daß Benedikt, als er in seiner Ordensregel die *vita mixta* interpretiert hatte, nicht alle Schwierigkeiten hatte voraussehen können. Eine gute Schule aufzubauen und zugleich jeden Bruder zur Handarbeit anzuhalten war unmöglich. Je mehr Abhängige und Laien ein Kloster für sich arbeiten lassen konnte, desto mehr Gelehrte durfte es sich leisten. Die Pflege der schriftlichen Tradition gehörte in die Klöster, schließlich war das Christentum eine Buchreligion. Diese Aufgabe war, anders als Feldarbeit, nicht ohne weiteres delegierbar. Die *vita contemplativa*, das beschauliche Leben, wurde immer mehr zum Zentrum klösterlicher Lebensweise.

In der großen Klosterreform, die von den Benediktinern von Cluny ausging und innerhalb des 11. Jahrhunderts ein ganzes Netz aus ehemals benediktinischen Klöstern im heutigen Frankreich erfaßte, wurde deshalb die Handarbeit immer mehr zurückgedrängt, dafür wurde die Liturgie ästhetisch schöner und geistig anspruchsvoller. Als sich am Ende des 11. Jahrhunderts das Kloster Hirsau im Schwarzwald dieser Reform anschloß, begann auch in Deutschland eine gleichgerichtete Reformwelle unter den Benediktinerklöstern: Weg von der gemischten Lebensführung aus Handarbeit und Liturgie, hin zur reinen Form des zweckfreien Gottesdienstes. Selbst bei den Zisterziensern, die sich in Konkurrenz zu Cluny wenig später aus dem Benediktinerorden ausgegliedert hatten (Ende des 11. Jahrhunderts), galt die Handarbeit bald nur noch im Fall der Not als eigenes Anliegen der Brüder; wenn möglich, überließ man sie den Laienbrüdern, die trotz dieser für sie unvorteilhaften Arbeitsteilung im Kloster noch besser lebten als viele abhängige Bauern rundum. Das ist eine erstaunliche Entwicklung in einem Orden, der sich die Urbarmachung des *eremos* vorgenommen hatte.

Kurz: Ein bis zwei Generationen nach den ersten Reformimpulsen war in allen europäischen Mönchsorden die Handarbeit zur niederen Nebensache abgerutscht. Man hielt ein Leben des zweckfreien Gotteslobs – das es erlaubte, theoretische und ästhetische Ansprüche zu stellen – dem Mönchsstand für angemessen. Daß diese Lebensform, die *vita contemplativa*, bald eindeutig auch als die moralisch überlegene begriffen werden konnte, stützte sich einerseits auf die Vorstellung vom Privileg der Muße, die man mit der Lektüre der lateinischen Schulautoren immer wieder reproduzierte; anderseits konnte man sich auf Lukas 10 und die dazugehörige Auslegungstradition berufen.[9]

Als am Anfang des 13. Jahrhunderts die Bettelorden auftraten, störten sie das gerade gefestigte Selbstverständnis der alten Mönchsorden dadurch, daß sie in der Öffentlichkeit agierten und sich mit größtem Eifer den Studien hingaben. Dieses Leben konnte man mit der Lehre von der Überlegenheit der *vita contemplativa*, die sich inzwischen durchgesetzt hatte, nicht beschreiben. Die Bettelordensgelehrten hatten ganz sicher ein theoretisches Weltverhältnis, insofern sie Theorie produzierten. Ihr theoretisches Streben war auch beschaulich im geistlichen Sinn, denn es zielte stets auf Theologie. Anderseits lebten sie mitten im Getriebe der Städte, sie lehrten öffentlich und blieben nicht an einem Ort. Das widersprach dem Bild von *vita contemplativa*, das sich im 12. Jahrhundert gebildet hatte. Offenbar war das Modell in diesem tradierten Verständnis nicht mehr geeignet, die wirklichen Lebensformen auch nur der Mönchsorden – von anderen, z. B. weltlichen Lebensformen[10] zu schweigen – richtig widerzuspiegeln.

9 Vgl. A. M. Haas: Die Beurteilung (Anm. 4), S. 109–132.

10 Auch der Lebensstil der Beginen und anderer Frauengemeinschaften außerhalb regulierter Orden paßt nicht mehr in das alte Beschreibungsmuster. Darüber vgl. Martina Wehrli-Johns: Maria und Martha in der religiösen Frauenbewegung. In: Kurt Ruh (Hg.): Abendländische Mystik im Mittelalter. Stuttgart 1986, S. 354–367.

Meister Eckharts Verteidigung der vita activa

Meister Eckhart[11] ist um 1260 geboren und 1328 gestorben. Er gehört in die Generation nach Mechthild von Magdeburg, die er aber zu ihren Lebzeiten wahrscheinlich nicht kannte.[12] Denn als sie um 1282 starb, hatte er seine theologische Ausbildung noch nicht oder gerade erst begonnen, damals war er noch zu jung, um sich zu dem Problem Beginentum und dem Ideenfeld Mystik offiziell äußern zu müssen. Hinwiederum ist Eckhart über dreißig Jahre älter als Margaretha Ebner (geb. 1291), als Heinrich Seuse (geb. 1295 oder 1297) und Johannes Tauler (geb. um 1300); auf alle drei hat er eingewirkt, auf die beiden letzten wohl auch persönlich. Eckhart wiederum war ca. fünfunddreißig Jahre jünger als Thomas von Aquin, der hochverehrt starb, als Eckhart noch nicht zum Theologen ausgebildet war (aber vielleicht schon im Dominikanerkloster Erfurt lebte). Eckhart ist dreimal für den Orden in Paris gewesen: einmal als Bakkalaureus, um dort die Sentenzenübung zu leiten (1293/94), zum zweiten Mal als amtierender Professor (1302/03) auf dem dominikanischen Lehrstuhl, ein drittes Mal wiederum 1311 bis 1313 mit derselben Aufgabe. Er war hoher Ämter würdig: Vikar von Thüringen (nach den Pariser Studienjahren), Provinzial der Saxonia (nach der ersten Pariser Professur), Generalvikar der Teutonia (nach der zweiten). In der letzten Funktion war er für die Betreuung der

11 In den Angaben zur Vita folge ich Kurt Ruh: Geschichte der abendländischen Mystik, Bd. 3, München 1996, S. 236–257.

12 Dafür, daß er spätestens als junger Dominikaner von ihr gehört haben müßte, hat sich Bardo Weiss ausgesprochen: ders.: Mechthild von Magdeburg und der frühe Meister Eckhart. In: Theologie und Philosophie, Bd. 70 (1995), S. 1–40. Da es jedenfalls nicht die Erfurter Dominikaner waren, die Helfta betreuten, und ein Kontakt der Familien weder nachweisbar ist noch sinnvoll vermutet werden darf, bleiben Zweifel. Wahrscheinlich lernte er im Laufe seines Lebens, vielleicht nach ihrem Tod, ihr Werk kennen.

Frauenklöster zuständig und hatte seinen Amtssitz in Straßburg. Der Bischof von Straßburg hatte 1319 die Beginenhäuser in seiner Diözese verboten. Damit muß sich Eckhart auseinandergesetzt haben, denn es betraf ihn zumindest mittelbar (weil die Frauen entweder in weltliches Leben zurückkehren oder Schutz in Frauenklöstern suchen mußten). Die Anklage der Inquisition ereilte ihn in Köln, wo Eckhart seit 1323 oder 1324 Lektor am Generalstudium war. Die Verurteilung 1329 hat er nicht mehr erlebt.

Meister Eckhart hat das Problem der *vita activa* und *vita contemplativa* in einer deutschen Predigt behandelt, die zu seinen berühmtesten Texten gehört. Es ist die Predigt Q2 nach der Zählung der Quintschen Ausgabe.[13] Sie beginnt mit der Schriftstelle: *Intravit Jesus in quoddam castellum et mulier quaedam, Martha nomine, excepit illum in domum suam. Lucae II;* das ist der Anfang der Erzählung über Maria und Martha aus dem Lukasevangelium, Luk. 10,38, im revidierten Luthertext: »Es begab sich aber, da sie weiterzogen, kam er in ein Dorf. Da war eine Frau mit Namen Martha, die nahm ihn auf in ihr Haus.« Schon bei der Wiedergabe nimmt sich Eckhart eine Eigenmächtigkeit heraus. Im lateinischen Text, den er ja selbst voranstellt,

13 Meister Eckhart. Die deutschen und lateinischen Werke. Hg. im Auftrag der Deutschen Forschungsgemeinschaft. Die deutschen Werke (im folgenden: DW; für lat. Werke: LW). Hg. und übers. von Joseph Quint. Stuttgart 1936ff. Die Predigt ist möglicherweise aus zwei ineinandergeschobenen Teilen zusammengesetzt, dazu zuerst Max Pahncke: Meister Eckharts Predigt über Luc. 10,38: Intravit Iesus in quoddam castellum. Textkritisch untersucht und herausgegeben. In: Nachr. d. Akad. d. Wiss. in Göttingen, Phil.-hist. Kl., 1959, Nr. 9, S. 169–206. Dagegen hält Freimut Löser die These von der Schachtelung für falsch und den Quintschen Text für im wesentlichen Eckhartisch: Freimut Löser: Pahncke versus Quint. Zu einem Streitfall der Eckhartphilologie. In: ZfdA 123 (1994), S. 173–200. Ich beziehe mich im folgenden nur auf Teile, die für alle Parteien in diesem Streit zu *einem* Text (nämlich gegebenenfalls zur Rahmenpredigt) gehört haben.

heißt es nur: *mulier quaedam,* also eine Frau. Meister Eckharts Wiedergabe nennt Martha, die ihn empfängt, nicht *wîp,* sondern *ein juncvrouwe, diu ein wîp was* – Martha erscheint hier als »eine Jungfrau, die eine Frau war«. Schon aus diesem Zusatz geht hervor, daß Eckhart die Auslegungstradition kennt. Er weiß, daß Martha = Lea = praktisches Leben = triefäugige Fruchtbarkeit zu setzen wäre. Aber das macht er nicht. Er bezeichnet Martha als Jungfrau – und Jungfräulichkeit ist für seine Zeitgenossen ein hohes Ideal, der sittlich höchste Stand, der einer Frau möglich ist. Deshalb verwendet er auch das mittelhochdeutsche Wort *juncvrouwe,* das nur für junge Damen von Stand verwendet wird; seine »Jungfrau« ist also eine »mädchenhafte Herrin«.

Es ist Eckhart klar, daß er sich paradox ausdrückt, denn wie soll das gehen, daß eine Jungfrau ist und zugleich Weib? Eckhart erklärt es so:

> »Intravit Iesus in quoddam castellum et mulier, Martha nomine, excepit illum in domum suam.
>
> Ich habe zuerst auf lateinisch ein kurzes Schriftwort gesprochen, das im Evangelium steht und zu deutsch so lautet: ›Unser Herr Jesus Christus, der ging hinauf zu einer befestigten Siedlung und wurde empfangen von einer Jungfrau, die ein Weib war.‹
>
> So, nun legt euer besonderes Augenmerk auf dieses Wort. Es ist zwingend, daß der Mensch, von dem Jesus empfangen wurde, eine Jungfrau war. Eine Jungfrau – das ist ein Mensch, der frei ist von allen Abbildern, die seine Sinne oder Gedanken von außen aufgenommen haben, so frei, wie er war, als er noch nicht existierte. Seht, nun könnte man fragen, wie ein Mensch, der geboren ist und bis zum vernunftgemäßen Leben fortgeschritten ist, so frei sein könne von allen Abbildern, wie er war, als er nicht war? Er weiß doch allerlei, und das sind alles Abbilder – wie kann er dann frei sein? Nun hört die Erklärung, die ich euch geben will. Wäre ich auf solche Weise vernünftig, daß sämtliche gedanklichen Abbilder, die alle Menschen je empfingen und

die in Gott sind, vernunfthaft in mir bestünden, hätte ich mir aber keines davon so angeeignet, daß ich mir eines im Tun und im Lassen zu eigen gemacht hätte, mit Ursachen und Folgen, sondern würde ich in diesem gegenwärtigen Moment frei und ungehindert nach dem liebsten Willen Gottes trachten, um den ohne Unterlaß zu tun, wirklich, dann wäre ich Jungfrau, ohne daß alle Abbilder es hindern könnten, so sicher, wie ich es war, als ich nicht existierte.

Ich sage aber: Daß der Mensch Jungfrau ist, das nimmt ihm nichts von allen Taten weg, die er jemals getan hat. Er bleibt davon unberührt und frei, ohne alle Hindernisse zwischen sich und der obersten Wahrheit, so wie Jesus ungebunden und frei ist und jüngfräulich in sich selbst. Wie die Gelehrten sagen, daß nur Gleich und Gleich den Zusammenfall bewirken, so muß deshalb der Mensch, der den jungfräulichen Jesus empfangen darf, Jungfrau sein, unberührt sein.

Nun paßt auf und schaut genau hin! Wenn nun der Mensch nur noch Jungfrau wäre, dann käme keine Frucht von ihm. Wenn er Frucht tragen soll, dann ist dazu notwendig, daß er ein Weib ist. ›Weib‹ ist das edelste Wort, das man von der Seele sagen kann, und es ist viel edler als ›Jungfrau‹. Daß der Mensch Gott empfängt in sich, das ist gut, und in der Empfänglichkeit ist er Jungfrau. Daß aber Gott in ihm fruchtbar werde, das ist besser, denn die einzige Dankbarkeit für diese Gabe besteht darin, sie fruchtbar werden zu lassen. Und dort ist der Geist ein Weib in der entgegentragenden Dankbarkeit, wo er Gott den Jesus ins väterliche Herz zurückgebiert.

Viele gute Gaben werden in Jungfräulichkeit empfangen und nicht in weiblicher Fruchtbarkeit mit dankbarem Lob in Gott zurückgeboren. Diese Gaben verderben und werden alle zunichte, so daß der Mensch weder seliger noch besser davon wird. Da ist ihm seine Jungfräulichkeit zu nichts nütze, wenn er nicht ein Weib ist zu der Jungfräulichkeit dazu, mit ganzer Fruchtbarkeit. Darin liegt der Schaden. Darum habe ich gesagt: ›Jesus ging auf eine Befestigung und wurde empfangen von einer Jungfrau, die ein Weib war.‹«[14]

Es ist ganz eindeutig: Für Meister Eckhart repräsentiert Martha den überlegenen Lebensstil. Ist das nun die *vita activa*? Man sollte es meinen. Aber ganz so legt Eckhart das Evangelienwort nicht aus. Er sagt vielmehr, daß der ideale Mensch Jungfrau und Weib sei. Wenn er die Reinheit und irdische Interessenlosigkeit nicht hätte, für die die Jungfräulichkeit das Bild abgibt, dann wäre ihm die Betriebsamkeit zu nichts nutze; ebenso aber würde eine weltabgewandte Betrachtung ins Leere laufen, weil sie keine Früchte trägt. In Eckharts Verständnis handelt es sich auch nicht einfach um die Vereinigungsmenge von aktivem und kontemplativem Lebensstil. Die Reihenfolge liegt fest: Nicht an der Welt zu haften, also die Jungfräulichkeit, das ist die notwendige Bedingung; dazu muß die Tat kommen, die die richtige Einstellung erst fruchtbar macht – das ist der Menschentypus Weib. Aktives Leben ist für Eckhart sicher nicht die direkte Fortsetzung der antiken politischen, das hieß ja polis-orientierten, Lebensform; aber rein kontemplatives Leben fand er offenbar nicht erstrebenswert.

»Eins ist not« und »das gute Teil«

Daß Eckhart die Notwendigkeit empfunden haben wird, die Theorie der Lebensstile zu revidieren und mit den tatsächlichen Lebensentwürfen seiner Zeit zu vereinbaren, ist mehr als wahrscheinlich, denn Eckhart hat die Konstellation aus der besprochenen Predigt noch einmal beschrieben: in der Predigt 86 der Quintschen Ausgabe, in

14 Meister Eckhart: Predigt Q 2. Nach dem mhd. Text der Ausgabe von Quint DW I, S. 24,1–28,6 in eigener Übertragung.

der es auch um Maria und Martha geht.[15] Dieses Mal widmet sich Eckhart besonders dem Verständnis der Stelle »Eins ist not« aus dem Zusammenhang von Luk. 10: »Martha, Martha, du hast viel Sorge und Mühe. Eins aber ist not. Maria hat das gute Teil erwählt; das soll nicht von ihr genommen werden.« Eckhart schreibt:

> »Daher sprach er zu ihr: ›Eines ist not‹, nicht zwei. Ich und du, einmal umfangen vom ewigen Licht – das ist Eines, und dieses Zwei-Eine ist ein brennender Geist, der da über allen Dingen und doch unter Gott am ›Umkreis der Ewigkeit‹ steht. Der ist Zwei, weil er Gott nicht ohne Vermittelndes sieht. Sein Erkennen und sein Sein oder sein Erkennen und das Erkenntnisbild, die werden bei ihm niemals zu Einem. Nur da sieht man Gott, wo Gott geistig gesehen wird, gänzlich bildlos. Da wird Eins Zwei, Zwei ist eins, Licht und Geist, die Zwei sind Eins im Umfangensein vom ewigen Licht.«[16]

An dieser Stelle argumentiert Eckhart nicht religiös und nicht theologisch, sondern streng philosophisch. Was heißt es denn, daß Maria den besten Teil erwählt hat?

Wer das Eine ergreifen will, kann es nie rein für sich gewinnen.[17] Das Eine nämlich kennt weder Identität mit sich selbst noch den inneren Gegensatz zum Anderen seiner selbst.[18] Es ist einfach das Eine. Damit fallen aber auch alle elementaren Ansichten einer positiven Religion über ihren Gott aus dem Begriff heraus. Sobald es auch nur sich selbst gebiert und damit das Andere seiner selbst hervorbringt, ist es schon nicht mehr das Eine. Daraus

15 Text DW III, S. 481–492.

16 DW III, S. 486,3–9. Übersetzung von Josef Quint, ebd., S. 595.

17 Vgl. Tullio Gregory: Vom Einen zum Vielen. Zur Metaphysik des Johannes Scotus Eriugena. In: Werner Beierwaltes (Hg.): Platonismus in der Philosophie des Mittelalters. Darmstadt 1969 (WdF 197), S. 343–365.

18 Vgl. Werner Beierwaltes: Proklos. Grundzüge seiner Metaphysik. Frankfurt am Main 1965, S. 343–348 (Kap. Das Eine selbst), hier S. 344f.

konnte man entweder schließen, daß der christliche, trinitarische Gott nicht das Eine sein kann, oder man mußte erklären, daß das Eine sich jedem beschreibenden Zugriff, dem begrifflichen wie dem dogmatischen, entziehe. Es liegt auf der Hand, daß die mittelalterlichen Denker den zweiten Weg gewählt haben: Was die Christen über ihren Gott denken und glauben können, erreicht das Eine nicht als Eines, sondern bleibt auf dem Aussageniveau der Vielheit stehen. Deshalb gehören für den Menschen Einheit und Vielheit zusammen, er kann das Eine nur vom Vielen aus denken, um es zumindest uneigentlich zu erfassen.

Eckhart hat erwogen, daß das Eine und das Viele enger zusammengehören als das Eine und das Teil. Für menschliche Fassungskraft erscheint das Eine immer unter der Gestalt des Vielen, und der Mensch kann das wissen und sich damit abfinden. Im Zustand der gnadenhaften Erhebung zu Gott ahnt, sieht oder erkennt er, daß unter der Gestalt des Vielen das Eine verborgen ist, das er sonst nur als denknotwendig, aber in sich unbegreiflich erfassen kann. »Da wird Eins Zwei, Zwei ist eins« hatte Eckhart diese Grenzerfahrung des Denkens beschrieben.[19] Anders als das Eine und das Viele stehen Teil und Ganzes nicht in einem solchen Zusammenhang der notwendigen Beschränkung menschlicher Einsicht. Es verhält sich nicht so, daß das Ganze grundsätzlich nur vom Teil aus verstanden, nie völlig überblickt werden kann. Deshalb zeigt der Gesichtspunkt von Teil und Ganzem, sobald es um Gott geht, den falschen Weg der Annäherung an. Wenn der Mensch einen Teil Gottes oder des Göttlichen wählt, behandelt er Gott als überschaubares Ganzes, als endlich. Angemessen wäre aber, ihn als das Eine zu sehen, das man nie rein erreichen und einsehen kann, sondern das man sich unter der Gestalt des Vielen nur uneigentlich zu erschließen vermag.

In dieser Lage sieht Eckhart die Maria aus dem Lukasevangelium. Auch das beste Teil ist Teil. Wer sich mit ihm

19 Zitatnachweis Anm. 16.

bescheidet, der gelangt nicht zu Gott, der das Eine ist, sondern ist mit weniger zufrieden, und er verkennt die Erhabenheit Gottes. Also bedeutet Maria, die zu Füßen des Meisters sitzt und das beste Teil gewählt hat, die Selbstbescheidung des Menschen und ein verkleinerndes Bild von Gott, wogegen Martha in ihrer vielfältigen Tätigkeit auf angemessene Weise zum Einen und Absoluten strebt.

Tätig an die Grenze des Menschenmöglichen zu gehen, das ist für Eckhart der vorbildliche Typ menschlichen Lebens. Nicht nur für das Bild der Persönlichkeit Eckhart, sondern auch für das Verständnis der deutschen Mystik der Dominikaner insgesamt ist wichtig, daß Eckhart sein ethisches Ideal der *vita activa* metaphysisch herleitet – und das nicht in einer gelehrten Schrift, nicht gegenüber einem universitären Publikum, sondern in deutscher Sprache von der Kanzel hinunter vor Laien. Solche lebensweltliche Verbindlichkeit einer philosophischen Anschauung hatte es jahrhundertelang nicht gegeben: *Eine* Lehre für Wissenschaft und Leben, für alle und auch für den Denkenden selbst. So wollte, wie der Text zeigt, Eckhart das Ideal der *vita activa* auf die Gelehrtenexistenz angewandt sehen.

Die Verzückungen der Vernunft

Vernunft als Gegenstand mystischen Denkens

Als Richard von St. Viktor 1173 starb, verblaßte der Stern dieser Schule, sein eigener Nachruhm begann aber gerade erst zu leuchten. Es wurde erst allmählich klar, was Richard im »Benjamin major« entdeckt hatte, als er über die beiden letzten Grade der Kontemplation sprach: daß die göttliche Welt in ihrem Wesen nicht schlechthin unerkennbar ist, sondern ihre eigene logische Semantik und Syntax hat, in der 1 = 3 sein kann; daß der geistige Weg zu Gott notwendig zu diesen Rätseln führt; daß der Mensch dann, wenn er sich ihnen stellt, alle eingeübten Regeln, ja sogar die Bedingungen des eigenen Denkens hinter sich lassen muß, um eine logische Sprache zu erlernen und zu gebrauchen, aus der er nur wenige (in diesem Fall offenbarte) Sätze kennt. Das logische Problem, das dahintersteht, ist mit der mittelalterlichen Mystik nicht erledigt. Es ist sogar erst wieder gründlich aufgegriffen worden, seit die moderne Physik und Astronomie einen Perspektivenwechsel zwischen irdisch-menschlichem und kosmischem Standpunkt als praktisch möglich erscheinen läßt.

Richard war zwar glasklar in seiner Problembeschreibung, aber weniger überzeugend in seinen Ansätzen zur Antwort. Man versteht beim Lesen des »Benjamin major« die verzweifelte Lage der gottsuchenden Vernunft besser als die angebotenen Auswege aus der Verzweiflung. Deshalb schieden sich nun für diejenigen, die nach Richard kamen, die Wege, auf denen sie glaubten, Gott suchen zu sollen[1]: Die einen knüpften an Bernhard von

1 Vgl. Endre von Ivánka: Zur Überwindung des neuplatonischen Intellektualismus in der Deutung der Mystik. Intelligentia oder principalis affectio. In: Werner Beierwaltes (Hg.): Platonismus in

Clairvaux an, als habe es Abaelard nie gegeben: Wir erfassen Gott nur mit der Liebe, sie reicht weiter hinaus ins Übermenschliche als das Denken.[2] Die anderen knüpften an Richards Vernunftoptimismus an. Sie hielten grundsätzlich daran fest, daß in einer Welt, die nach dem Zeugnis des Evangelisten einem Logos folgt, die Vernunft das Vermögen sein müsse, das Gott am nächsten kommt.

Beide Linien zogen sich seit der großen Zeit der Schule von St. Viktor durch die gesamte Theologie: von der Wende zum 13. Jahrhundert bis zum Anfang des 14. Als in den ersten Jahren des 13. Jahrhunderts die Bettelorden entstanden und um ihre Anerkennung rangen, bekämpften sie von vornherein nicht nur die Ketzer, sondern – im Sinne der Konkurrenz – auch einander. So geschah es mit einer gewissen Notwendigkeit, daß sie ganz verschiedene theologische Konzepte wählten und immer stärker ausbauten. Im Franziskanerorden ist es bis um die Mitte des 14. Jahrhunderts üblich, die Annäherung an Gott vordringlich an die Liebe zu binden und die denkende Auseinandersetzung an die zweite Stelle zu rücken. Im Dominikanerorden wurde der Weg zu Gott immer konsequenter ein vernünftiger Weg.

Damit hatten sich die Dominikaner dafür entschieden, den ungelösten Problemrest aus dem »Benjamin major« Richards von St. Viktor in ihr Arbeitsprogramm einzuschreiben: Wenn nach dem gemeinsamen aristotelischen Grundsatz aller mittelalterlichen Erkenntnistheo-

der Philosophie des Mittelalters. Darmstadt 1969 (WdF 197), S. 147–160.

2 Eine zentrale Vermittlerrolle für dieses Verständnis Richards spielt Thomas Gallus (gest. 1246). Er hat Richard kommentiert und konsequent so gelesen, daß aus Richards aufsteigender Vernunft *(intelligentia)* eine aufsteigende Dreiheit aus Verstand, Vernunft und Uraffekt *(ratio, intellectus, principalis affectus)* wird. Das Höchste im strebenden Menschen erreicht Gott (wie bei Richard), und dieses Höchste ist nun affektiv gewendet. Hier knüpft Bonaventura an. Vgl. Endre von Ivánka: Zur Überwindung (Anm. 1), S. 150.

rien Gleiches nur von Gleichem erkannt werden kann und wenn die *unio mystica* bedeutet, Gott zu erkennen – wo im Menschen ist dann das Göttliche zu finden, das ihn in solche Höhen führen kann?

Gottes Bild im Menschen

Um das Göttliche im Menschen näher beschreiben zu können, entwickelten die Dominikanertheologen des 13. Jahrhunderts die Lehre vom Bild Gottes *(imago Dei)* weiter, die sie bei den monastischen Theologen des 12. Jahrhunderts vorfanden.

Bernhard von Clairvaux hatte mit seinem Verständnis von Gen. 1,27 »und Gott schuf den Menschen zu seinem Bilde« (Vulgata: *et creavit Deus hominem ad imaginem suam*) seine Hoheliedauslegung begründet. Er sagt über Seele und Bräutigam (das ist Christus, deshalb »das Wort«):

> »Kehren wir also zurück, um den moralischen Sinn aufzuspüren. [...] Doch da wird mir einer sagen: ›Wie kannst du diese zwei verbinden? Was ist der Seele und dem Wort gemeinsam?‹ Viel in jeder Hinsicht [Röm. 3,2]. Erstens nämlich besteht eine solche Verwandtschaft der Naturen dadurch, daß das Wort Ebenbild ist [Kol. 1,15], die Seele aber nach dem Ebenbild geschaffen ist [Gen. 1,27]. Zweitens wird die Verwandtschaft durch die Ähnlichkeit bezeugt. Denn nicht nur nach dem Ebenbild, sondern auch nach der Ähnlichkeit wurde die Seele geschaffen.«[3]

Wie Bräutigam und Braut nur in der Liebe gleich sind, während sonst der Bräutigam als Mann der Braut natür-

3 Super Cant. Cant. LXXX, I.1 und I.2, übers. von Kassian Lauterer. In: Bernhard von Clairvaux: Sämtliche Werke lat./dt., hg. von G. B. Winkler, Bd. 6, Innsbruck 1995, S. 569, lat. S. 568. Vgl. Kurt Ruh: Geschichte der abendländischen Mystik, Bd. I: Die Grundlegung durch die Kirchenväter und die Mönchstheologie des 12. Jahrhunderts. München 1990, S. 245f.

lich überlegen ist, so spricht Bernhard der Seele auch nur in der Liebe den gleichen Rang zu wie dem Bräutigam Christus. Daß sie dem Gottessohn in bestimmter Hinsicht ebenbürtig sein kann, in anderer aber immer nachgeordnet bleiben muß, liegt Bernhard zufolge daran, daß der Mensch nur *ad imaginem* Gottes geschaffen ist, zu Gottes Abbild, während Christus Gottes Ebenbild ist. Das lateinische Wort *imago*, das in der Vulgata steht, kann beides bedeuten, Bernhard drückt jeweils durch den Kontext aus, welche Art von *imago* er meint.

Richard von St. Victor hatte seine Bildlehre im »Benjamin minor« formuliert. Daß der Mensch zum Bilde Gottes geschaffen sei, ist für ihn der Grund für seine Fähigkeit zum kontemplativen Aufstieg zu Gott:

> »Als bedeutsamsten und wichtigsten Spiegel zum Schauen Gottes findet der vernunftbegabte Geist ohne Zweifel sich selbst vor. Wenn nämlich das Unsichtbare Gottes durch das, was geschaffen ist, erkennbar geschaut wird [Röm. 1], wo, frage ich dann, werden die Erkenntnisspuren deutlicher eingezeichnet als in seinem Bilde gefunden? Der Mensch ist nach seiner Seele als Gottes Bild erschaffen; so lesen wir [Gen. 1] und glauben wir, und solange wir noch im Spiegel und in Rätseln schauen [1. Kor. 13], können wir, wie gesagt, zu seiner unmittelbaren Schau einen geeigneteren Spiegel als den vernünftigen Geist nicht finden.«[4]

Der innere Gegensatz der beiden aus dem 12. Jahrhundert stammenden Bildlehren ist deutlich: Nach Bernhard kann der Mensch auf dem höchsten Punkt seines Aufstiegs zu Gott allenfalls mit göttlicher Liebe lieben, nach Richard kann er die göttlichen Gedanken denken. Daraus

4 Benjamin minor, Kap. 72. Modifizierte Übersetzung nach Paul Wolff: ders.: Die Viktoriner. Mystische Schriften. Ausgewählt, übertragen und eingeleitet. Wien 1936, S. 175. Wolff übersetzt *imago* mit »Ebenbild«, mir schien es richtig, offenzulassen, ob es sich um Abbild oder Ebenbild handele. Originaltext: PL 196, Sp. 51 D.

ergeben sich zwei ganz verschiedene Mystikkonzeptionen.

Die Dominikaner, die ihre Lehre in ganz Europa der Prüfung durch die volkssprachliche Predigt- und Seelsorgepraxis aussetzen mußten, fühlten von Anfang an den Zwang, sich festzulegen: Heißt *imago* eher Abbild oder eher Ebenbild? In welchem Sinne ist überhaupt der Mensch Bild Gottes? Das war ja ein Punkt, auf den es in der Abgrenzung von ketzerischen Vollkommenheitslehren besonders ankam. Außerdem standen sie vor der Wahl: Bernhard und Richard? Wie in fast allen gleichgearteten Entscheidungen haben sie Richards Richtung eingeschlagen und den Bernhard den Franziskanern überlassen.

Die Bildlehre der Dominikaner findet ihren ersten klassischen Ausdruck bei Thomas von Aquin, der sich im wesentlichen auf Augustinus beruft.

Nach Augustin gibt es einen niederen und einen höheren Seelenteil. Der niedere verantwortet das, was Pflanzen und Tieren auch eigen ist: die Sinne, die Triebe, die Reflexe und Bewegungen. Der höhere ist für das spezifisch Menschliche zuständig. Nun ist der Mensch zum Ebenbild Gottes und zu seinem Gleichnis geschaffen, wie es in Gen. 1,26 heißt: »ein Bild, das uns gleich sei«, lateinisch *imago et similitudo*. Die Eigenschaft, *similitudo* zu sein, also Gleichnis von Gottes Schöpferkraft, teilt der Mensch mit der übrigen Schöpfung; *imago Dei* ist nur er allein. Freilich kann er dazu nicht durch seine Sehnen und Muskeln geworden sein, auch nicht durch die Fähigkeit zur Orientierung im Raum und zur Unterscheidung von Farben und Geschmäckern – alles das hat er ja mit Tieren gemeinsam. Die *imago Dei* muß in der Seele liegen, und zwar zwingend im höheren Seelenteil. Es liegt für christliche Denker nahe, anzunehmen, daß sie trinitarisch organisiert sei wie der dreieinige Gott. Augustin hat mehrere Anläufe genommen, um eine solche Trinität im Menschen festzulegen (Sein, Wissen, Wollen = *esse, nosse, velle* im »Gottesstaat« XI,26–28 und den »Bekenntnissen«

XIII,11,22; Geist, Wissen, Liebe = *mens, notitia, amor* im 9. Buch »Über die Dreifaltigkeit«; Gedächtnis, vernünftige Einsicht und Wille/Liebe = *memoria, intellectus, voluntas/amor* dort XIV,6,8).[5] Zwischen Willen und Liebe hat Augustin in diesem Zusammenhang nicht konsequent unterschieden, weil für ihn (das ist altes philosophisches Erbe) die Liebe zum Guten, Gerechten und Wahren mit dem Willen, der sich darauf richtet, zusammenfällt. In gewissem Maße hat Augustin die Offenheit seiner Begrifflichkeit in dieser Frage gewollt und bejaht:

> »Wer könnte das ohne Schwierigkeiten denken? Wer wäre in der Lage, die richtigen Worte zu finden? Wer wäre so vermessen, sich überhaupt sprachlich darüber zu äußern?«[6]

fragt er in demselben Abschnitt der »Bekenntnisse« (XI,12), in dem er gerade selbst die Dreiheit von Sein, Wissen, Wollen als Gottesbild in der Seele vorgeschlagen hat.

Im Bewußtsein der mittelalterlichen Theoretiker lebte von Augustins verschiedenen Dreiteilungen des Gottesbildes die in Gedächtnis, vernünftige Einsicht und Willen am stärksten weiter. *Memoria, intellectus, voluntas* – das nannte man die »Seelenkräfte«, und man berief sich dafür auf Augustin. Daß Augustin in dieser Dreiheit darin schon einmal das Abbild der göttlichen Trinität erblickt hatte, wurde beinahe vergessen, weil die Einteilung der Seele im Vordergrund stand. Zu diesem vereinfachenden Standpunkt mögen die Widersprüche bei Augustin beigetragen haben.

Im 13. Jahrhundert, als die Frage nach der *imago Dei* zur schulengliedernden Bekenntnisfrage wurde, hatte man

5 Vgl. Kurt Ruh: Geschichte der abendländischen Mystik, Bd. 1 (Anm. 3), S. 98–103; Kurt Flasch: Augustin. Einführung in sein Denken. Stuttgart 1980, S. 342–352.

6 Aurelius Augustinus: Bekenntnisse. Mit einer Einleitung von Kurt Flasch, übers., mit Anmerkungen versehen und hg. von K. Flasch und Burkhard Mojsisch. Stuttgart 1989, S. 375.

sich angewöhnt, auch in der Theologie in aristotelischen Kategorien zu denken. Nun begriff man die »Seelenkräfte« auch als »Seelenpotenzen«; die beiden Begriffe waren austauschbar geworden. Jeder Schüler hätte sowohl unter »Seelenkräfte« als auch unter »Seelenpotenzen« die drei augustinischen Bestimmungen genannt, also Gedächtnis, Vernunft und Willen aufgezählt. Diese Gleichsetzung hatte Konsequenzen für die Frage nach dem Bild Gottes in der Seele.

»Potenz« war der Gegenbegriff zu »Akt«. »Potenz« bezeichnet die Möglichkeit, etwas zu tun oder zu etwas zu werden. Die Seelenpotenzen ermöglichen das Denken, Erinnern und Wollen. Also sind sie Möglichkeiten, etwas zu tun. Aber will der Mensch nicht auch etwas werden, was er jetzt nicht ist, nämlich selig im jenseitigen Leben? Dann müssen die Seelenpotenzen auch etwas von der zweiten, der passiven Bedeutung haben, sie sind auch Möglichkeiten, zu etwas zu werden.

Sobald man in der Erwägung des augustinischen Erbes so weit gekommen war, konnte man sich nicht mehr damit bescheiden, die *imago Dei* schlechthin in der Gemeinsamkeit der Seelenpotenzen zu sehen, also bei Augustins Stellungnahme zum Gottesbild in der Seele zu verharren. Die aristotelischen Anreicherungen der augustinischen Lehre forderten eine neue, synthetisierende Bestimmung der *imago Dei*.

Thomas von Aquin hat sich deshalb genauer festgelegt: Seiner Meinung nach liegt das Gottesbild in den Tätigkeiten der Seelenvermögen.[7] Es kann folgerichtig nicht gott-

7 Vgl. S. th. I, q. 93, a. 7. Genaugenommen liegen nach Thomas in der Seele drei Gottesbilder: das Abbild der Schöpfung, das Abbild der Wiederherstellung, das Abbild der Ähnlichkeit. Sie bilden trinitarisch die eine *imago*. Vgl. mit reicher Literatur Alois Maria Haas: Meister Eckhart. Mystische Bildlehre. In: ders.: Sermo mysticus, Studien zur Theologie und Sprache der deutschen Mystik. Freiburg (Schweiz) 1979, S. 209–237, hier S. 219f. und Anm. 29.

gleich sein, sondern nur gottähnlich, weil menschliches Handeln dem göttlichen nicht gleicht.[8] Also ist *imago Dei* nie wirklich als »Ebenbild Gottes« zu verstehen, sondern eher als »Abbild«. Aber nur der handelnde, und zwar der denkende, sich erinnernde und wollende, kurz: der sich vernünftig bestimmende Mensch ist eben darin Abbild Gottes. Er ist es durch seine Natur nur der Möglichkeit nach, der Tat nach kann nur er selbst seine Vernunftseele zum Abbild Gottes machen. Denn wenn der Mensch nicht denkt, sich nicht erinnert und nicht will, hat er kein Gottesbild in sich. Das schließt für Thomas nicht aus, zuzugeben, daß auch dieser Mensch vom Schöpfer nach seinem Vorbild gemacht sei, denn die Schöpfungsabsicht schließt die Eigenleistung des Geschöpfes ein. Einem Geschöpf, das die Kräfte seiner Vernunftseele nicht nutzt, fehlt nach Thomas die höchste Würde der menschlichen Existenz. Das erinnert ein wenig an die heutige Debatte um den Hirntod und ist damals auch ebenso heftig diskutiert worden, denn es war – wieder eine Parallele – damit eine Schwelle markiert: Wer seine Seelenkräfte nicht so nutzte, daß er das Abbild der Trinität in sich erzeugte, der war weder in diesem Leben zu einem mystischen Aufschwung zu Gott fähig, noch würde er, soviel man wissen konnte, vor dem künftigen Gericht bestehen. Ein vernunftloses, erinnerungsloses und willenloses Bündel war (zumindest ohne wunderbares höheres Eingreifen) weder in diesem Leben noch im nächsten zum höchsten Glück bestimmt.

Sollte es also im Menschen kein Gottesabbild a priori geben, keines, das immer schon da ist, ehe der Mensch anfängt zu denken, sich zu erinnern und zu wollen? Das hat einer Gruppe von Dominikanertheologen, die sich rund dreißig Jahre nach dem Tod des Thomas gegen die Festle-

8 Diese Auffassung war auch im 14. Jahrhundert noch die herrschende. Sie beruft sich auf Petrus Lombardus, I Sent. 3,3, wo von *imparis similitudo*, Ähnlichkeit ohne Ebenbürtigkeit, die Rede ist. Ed. Grottaferrata Bd. 1, 1971, S. 74f.

gung auf dessen Lehre stemmten, wenig eingeleuchtet. Ihr führender Kopf war Dietrich von Freiberg.

Dietrich von Freiberg (nach 1240–1318/20) war nach seiner Studienzeit (wohl durch die sechziger Jahre hindurch) Lektor des Predigerklosters in Freiberg in Sachsen (um 1271). Er wurde 1272 bis 1274 nach Paris zum weiteren Studium geschickt und taucht 1280 als Lektor in Trier auf. Es folgt eine Zeit der Ordensämter: 1293 bis 1296 ist er Prior der deutschen Ordensprovinz (Teutonia) und 1294 bis 1296 Generalvikar seines Ordens. 1296 wird er Magister der Theologie, danach lehrt er bis 1297 in Paris. Noch zweimal erwähnen ihn Quellen als Amtsträger: 1303 in Koblenz und 1310 als Provinzial der Teutonia, die jetzt kleiner war als bei seiner ersten Amtsübernahme, denn 1303 war Sachsen (Saxonia) als eigene Provinz abgeteilt worden.[9]

Dietrich hat seine Bildlehre in der zweiten Hälfte der neunziger Jahre des 13. Jahrhunderts entwickelt, in den Schriften »Über den Intellekt und den Erkenntnisinhalt« *(De intellectu et intelligibili)* und »Über die beseligende Schau« *(De visione beatifica)*. Sein wichtigster Einwand gegen Thomas steckte in folgender Überlegung: Die Seelenvermögen liegen ihren Akten zugrunde. Insofern verhält sich die Tätigkeit der Vernunftseele (im Denken, Wollen und Erinnern) zur Vernunftseele wie das Akzidens zur zugrunde liegenden Substanz. Wie soll es nun zugehen, daß das Wesentlichste, was man von einem Menschen sagen kann, nämlich seine Gottebenbildlichkeit, ihm nur akzidentiell zukommt?

Dietrich hebt deshalb das augustinische Denken, Wollen und Erinnern auf eine höhere Stufe. Er setzt sie sämtlich in den tätigen Intellekt des Menschen. Der tätige Intellekt ist für ihn nicht im eingeschränkten Sinn einfach das Denken eines, der gerade denkt, sondern der griechische *nous* in Tätigkeit, in seinem vollen Umfang, eine welt-

9 Die Darstellung fußt auf: Loris Sturlese: Dokumente und Forschungen zu Leben und Werk Dietrichs von Freiberg. Hamburg 1984. Übersichten dort S. 3f. und S. 136.

durchwaltende, wesentlich unruhige Vernunft.[10] *Intellectus* war eines der Übersetzungswörter der lateinischen Welt für *nous, mens* ein anderes. Diese Weltvernunft ist das geistige Band, das die Welt zusammenhält; sie hat die Schöpfung gemacht, weil Gott als *intellectus agens,* als tätiger Intellekt, sie gedacht hat, und sie ist in abgeminderter Form auch dem Menschen verliehen, der zwar nicht Welten schaffen kann, aber ein System der Begrifflichkeit und der Sinndeutung, in dem er sich begreifend auf Gott und die Welt bezieht. Gott ist tätige Vernunft, und der Mensch hat tätige Vernunft. Sie macht das Wesen seiner Seele aus. Es gäbe ohne vorgängige Weltdeutung, die immer schon im Gange war und ist, bevor der Mensch weiß, daß er nachdenkt, keine Erkenntnis, sondern nur einen Scherbenhaufen unzusammenhängender Wahrnehmungen und Erwägungen. Und erst auf der Basis dieser wesentlichen Vorerkenntnis kann der Mensch im speziellen Fall denken, sich erinnern oder wollen.

Wenn Dietrich nun von hier aus bestimmen soll, was er für das Bild Gottes im Menschen hält, so ist die Antwort für ihn klar: Es ist der tätige Intellekt. Er hängt nicht schlechthin vom göttlichen Intellekt ab, sondern geht aus ihm hervor; das ist es, was die Abbildlichkeit oder Ebenbildlichkeit (die Frage ist auf diesem Stand der Argumentation noch nicht entschieden) zustande bringt. Dietrich nennt das *procedere ut imago,* Hervorgehen (aus Gott) als (dessen) Abbild und Ebenbild (*De intellectu et intelligibili* II,32):

»Der Intellekt aber, der ein durch sein Wesen seiender Intellekt ist, trat nicht nur auf diese Weise aus Gott ins Sein, auf die Weise, meine ich, die anderen Dingen gemein ist, die aus Gott als Dinge hervorgehen, [...] sondern er ging aus Gott ins Sein als sein Bild, dessen Bestimmtheit darin besteht, ihn auf die Weise von

10 Zum Umfang des Dietrichschen Vernunftbegriffes vgl. B. Mojsisch: Dynamik der Vernunft bei Dietrich von Freiberg und Meister Eckhart. In: Kurt Ruh (Hg.): Abendländische Mystik im Mittelalter. Stuttgart 1986, S. 135–144, bes. S. 135f.

Erkenntnis zu erkennen, auf die seine nächste und unmittelbare Einung mit Gott statthat.«[11]

Bei dieser Erklärung von *imago* wird die Frage: Ebenbild oder Abbild? sinnlos, denn das Hervorgehen aus dem göttlichen Intellekt bringt beides hervor, Abbild und Ebenbild: Weil der menschliche Intellekt aus dem göttlichen hervorgeht, ist er danach diesem gegenüber außen, also sein bloßes Abbild; anderseits kann aus dem göttlichen Intellekt nichts hervorgehen, was nicht auch in ihm enthalten bleibt, und insofern gibt es keine wesentliche Abtrennung vom göttlichen Intellekt – der menschliche Intellekt ist demnach Ebenbild des göttlichen.

Im Unterschied zu dem, was Thomas als Abbild definiert hatte, ist Dietrichs *imago* immer tätig, und das gehört zu ihrem Wesen. Der Mensch hat also die Gottebenbildlichkeit und die göttliche Unrast der schaffenden Vernunft immer in sich, auch wenn er nichts Besonderes dafür tut, z.B. wenn er gerade schläft oder noch zu klein ist, um zu denken.

Meister Eckhart war mit Dietrich in einem einig: Das Gottesbild im Menschen mußte das Wesen der Seele ausmachen und konnte nicht akzidentiell entstehen. Auch er verstand Gott so, daß dieser wesentlich mit Intellekt zu tun haben mußte. Seine erste Pariser Abhandlung legte sich die Frage vor, ob in Gott Sein und Verstehen zusammenfallen. Damit blieb er zunächst ganz in den Bahnen des Thomas von Aquin, der dieser Meinung gewesen war. Thomas hatte den sachlichen Zusammenfall damit begründet, daß Gott das schlechthin Eine und ontologisch Erste ist, das alle Vollkommenheiten umfaßt.[12] Sich die-

11 Dietrich von Freiberg: Abhandlung über den Intellekt und den Erkenntnisinhalt. Übers. und mit einer Einleitung hg. von Burkhard Mojsisch. Hamburg 1980, S. 54.

12 S. th. I, q. 4, a. 2, S. th. I, q. 14, a. 5 co. Vgl. Ruedi Imbach: Deus est intelligere. Das Verhältnis von Denken und Sein in seiner Bedeutung für das Gottesverständnis bei Thomas von Aquin und in den Pariser Quaestionen Meister Eckharts. Freiburg (Schweiz) 1976, S. 8–143.

ser Auffassung anzuschließen, hinderte Eckhart jedoch sein Verständnis von Schöpfung, also der eigentümlichen Handlung Gottes. Für Eckhart war die Schöpfung wesentlich ein Denkakt, unter dem Aspekt der Schöpfung ließ sich Gott also bestimmen als »Verständnis (intellectus) und Verstehen (intelligere) und nicht Seiendes oder Sein«[13]. Jetzt wurde das innere Verhältnis von Sein und Verstehen plötzlich problematisch. Thomas von Aquin hatte – im Einklang mit einer langen philosophischen und theologischen Tradition – vorausgesetzt, daß für die gesamte geschöpfliche Welt das Sein Voraussetzung des Denkens sei; nur in Gott falle beides zusammen, weil Gott nicht Gott wäre, wenn man die Unterscheidung treffen könne. Eckhart kam zu einer anderen Einsicht: »Gott ist Verstehen, und das Verstehen ist die Grundlage seines Seins.«[14] Sie veränderte auch sein Urteil über die *imago Dei*. Wie konnte das Bild zu einem solchen Gott aussehen? Ist es eher Ebenbild oder eher Abbild?

Für Eckhart war der Begriff *imago Dei* von beiden Enden her unklar: Was bedeutet eigentlich »Bild«? Und was bedeutet »Bild Gottes« (und nicht eines anderen)?

Darüber reflektiert Eckhart in der Predigt über Jes. Sir. 50,10: »Wie ein goldenes Gefäß, fest, geschmückt mit der Edelkeit alles Gesteines« (das ist 16B der Quintschen Ausgabe).

> »Gottes Natur ist es, daß er sich einer jeglichen guten Seele gibt, und der Seele Natur ist es, daß sie Gott aufnimmt; und dies kann man in Bezug auf das Edelste sagen, das die Seele aufzuweisen vermag. Darin trägt die Seele das göttliche Bild und ist Gott gleich. Es kann kein Bild geben ohne Gleichheit, aber Gleichheit kann es wohl geben ohne Bild. […]
>
> Ihr sollt wissen, daß das einfaltige göttliche Bild, das der Seele eingedrückt ist im Innersten der Natur, un-

13 Quaest. Paris. I.4, LW V, S. 40,6 (abweichend übersetzt).

14 Quaest. Paris. I. 4, LW V, S. 40,6–7 (mit geänderter Übersetzung).

vermittelt empfangen wird; und das Innerlichste und das Edelste, das in der (göttlichen) Natur ist, das erbildet sich ganz eigentlich in das Bild der Seele, und dabei ist weder Wille noch Weisheit ein Vermittelndes, wie ich vorhin sagte: Ist hier Weisheit ein Vermittelndes, so ist es das Bild selbst. Hier ist Gott unvermittelt in dem Bilde, und das Bild ist unvermittelt in Gott. Jedoch ist Gott auf viel edlere Weise in dem Bilde, als das Bild in Gott ist. Hier nimmt das Bild Gott nicht, wie er Schöpfer ist, sondern es nimmt ihn, wie er vernünftiges Sein ist, und das Edelste der göttlichen Natur erbildet sich ganz eigentlich in das Bild. Dies ist ein natürliches Bild Gottes, das Gott in alle Seelen naturhaft eingedrückt hat. Mehr vermag ich nun dem Bilde nicht zu geben; gäbe ich ihm aber irgend etwas mehr, so müßte es Gott selbst sein; dem aber ist nicht so, denn dann wäre Gott nicht Gott.«[15]

Sonst spricht Eckhart oft metaphorisch; hier ist aber klar, daß er die *imago Dei* meint, daß er zu einem wissenschaftlichen Problem auf der Kanzel Stellung nimmt. Das sagt er auch ausdrücklich:

»Ich habe hiermit nicht von Dingen gesprochen, die man [ausschließlich] in der Schule vortragen soll; man kann sie vielmehr recht wohl auch auf dem Predigtstuhl zur Belehrung vortragen.«[16]

Er denkt also über die *imago Dei*: Gottes Bild in der Seele stellt sich unvermittelt her, es wird nicht erst erzeugt (wie bei Thomas von Aquin durch die Tätigkeit von Gedächtnis, Vernunft und Willen). Es ist wesentlich göttlich, aber nicht Gott. Unbedingt ist es vernünftig. Eckhart scheint der Meinung zu sein, daß es für das Verhältnis zwischen Gottesbild und Gott in der gesamten Welt des Denkens und der Anschauung keine Parallele gibt: Das Gottesbild ist ebenbildlicher als alle anderen Abbilder, aber auch abbildhafter als alle anderen Ebenbilder. Auch wie sich Eck-

15 DW I, S. 265,1–5 und S. 268,3–14, übers. von Josef Quint, ebd., S. 492f.

16 DW I, S. 270,7–8, übers. von Josef Quint, ebd., S. 493.

hart ein Abbild oder Ebenbild zu seinem spezifischen Gottesbegriff denkt, sagt er hier: Die *imago Dei* bildet Gott als das vernünftige Sein nach. Wie Gottes Verständnis als die Grundlage seines Seins gilt, so bezieht auch das Gottesbild in der Seele sein Sein aus einem vorgängigen, in der Seele angelegten Verstehen, erst so wird der Mensch zur vernünftigen Kreatur (das reine Sein steuert ihn noch nicht).

Daraus ergeben sich systematische Schwierigkeiten: Beide Aspekte, das Sein und das denkende Verstehen, gehören zu Gott und müssen deshalb auch im Bild Gottes enthalten sein. Aber sind denn überhaupt beide an einem Abbild und beide an einem Ebenbild denkbar? Kann die Verbindung von vorgängigem Verstehen und resultierendem Sein überhaupt als Abbild *und* als Ebenbild Gottes gedacht werden?

Das *Eben*bild des reinen göttlichen Verstehens müßte man sich als ein Stück von ihm vorstellen, es ist dann aber notwendig ewig und nicht geschaffen. Ein *Ab*bild des göttlichen Verstehens muß nicht ewig sein. Auch zum reinen göttlichen Sein ist das *Eben*bild notwendig ewig und ungeschaffen, das *Ab*bild kann geschaffen sein. Rein formal ergeben sich vier Kombinationen: ungeschaffenes Sein und ungeschaffenes Verstehen, ungeschaffenes Sein und geschaffenes Verstehen, geschaffenes Sein und ungeschaffenes Verstehen, geschaffenes Sein und geschaffenes Verstehen.

Davon kann nur eine, die zweite nämlich, sofort verworfen werden: Ein geschaffenes Verstehen kann auf keine Weise, also auch nicht im Gottesbild, dem ungeschaffenen Sein zugrunde liegen. Zwei andere der Möglichkeiten sind nur in eingeschränktem Sinn plausibel. Wenn das ungeschaffene Verstehen ungeschaffenes Sein hervorbringt, dann wird vom Gottesbild in der Seele angenommen, was für Gott gilt – eine solche Kombination kann nur Ebenbild Gottes, aber nicht sein Abbild sein. Umgekehrt ist das Gottesbild aus geschaffenem Verstehen und daraus entstehendem geschaffenem Sein bestenfalls Abbild des ewigen Gottes, aber niemals sein Ebenbild. Nur wenn eine vorgängige, ewige Vernunft in der Seele ein begrenztes Sein hervorbringt, entsteht daraus ein Gottesbild, wie Eckhart es meint: Ebenbild des göttlichen Verstehens und begrenztes Abbild des göttlichen Seins.

Eckhart hat sich daran abgemüht, diese schwierigen Zusammenhänge auch in der Volkssprache zu erklären. Weil er dazu die Welt der wohldefinierten lateinischen Begriffe verlassen mußte, alle Metaphern und Vergleiche aber klappern und hinken, entwickelte Eckhart eine beinahe augustinische Scheu, sich festzulegen. Er nimmt immer wieder Anlauf, schildert das Bild Gottes unter verschiedenen Bildern. Gottes Bild ist Seelengrund und Funke in der Seele, Kraft oder Licht des Geistes, Kraft in der Seele, fester Platz in der Seele.[17] Die folgende Stelle aus der Predigt 2 nach Quints Zählung zeigt das:

> »Ich habe bisweilen gesagt, es sei eine Kraft im Geiste, die sei allein frei. Bisweilen habe ich gesagt, es sei eine Hut des Geistes; bisweilen habe ich gesagt, es sei ein Fünklein. Nun aber sage ich: Es ist weder dies noch das; trotzdem ist es ein Etwas, das ist erhabener über dies und das als der Himmel über der Erde. Darum benenne ich es nun auf eine edlere Weise, als ich es je benannte, und doch spottet es sowohl solcher Edelkeit wie der Weise und ist darüber erhaben. Es ist von allen Namen frei und aller Formen bloß, ganz ledig und frei, wie Gott ledig und frei ist in sich selbst. Es ist so völlig eins und einfaltig, wie Gott eins und einfaltig ist, so daß man mit keinerlei Weise dahinein zu lugen vermag.«[18]

Was Eckhart zu beschreiben versucht, prägt für ihn – wie für Dietrich – das Wesen der Seele; seiner Auffassung nach ist in der Seele etwas anwesend, was nicht zugleich als Teil zur Seele gehört. Das ist das Gottesbild, der Funke und so fort. Das Gottesbild in der Seele entsteht nun nicht mehr akzidentiell, wie es noch bei Thomas war. Aber es

17 Übersicht jetzt bei Michael Egerding: Die Metaphorik der spätmittelalterlichen Mystik. Paderborn [u. a.] 1996, Bd. 2, S. 677–679.

18 DW I, S. 39,1–40,4, übers. von Josef Quint, ebd., S. 437.

ist, auch wenn es logisch aus der *imago*-Lehre folgt, nicht ganz leicht zu verstehen, wie in der Seele etwas sein soll, was nicht zur Seele gehört.

Man kann sich das etwa so vorstellen (das Beispiel steht allerdings nicht bei Eckhart): Ein Königskind, das vom Schloßgärtner aufgezogen und vor Nachstellungen bewahrt wird, wächst völlig hinein in die Familie, in der es sich bewegt. Es glaubt zugehörig zu sein und wird als zugehörig empfunden, aber das macht es nicht blutsverwandt, es fällt nicht unter die Bestimmungskriterien für jene Familie. Im Fall der Fälle kann es zum Thron gelangen, sein Bruder, der Gärtnerssohn, nie.

So ist es mit Eckharts Etwas in der Seele auch: Es ist (vernunftseitig) höherer Natur als der Rest der Seele und erst recht als der Rest des ganzen Menschen. In der eben zitierten Predigt wird betont, daß dieses Etwas nicht positiv beschrieben werden könne – so wie Gott nicht definiert werden kann. Es ist das Bild Gottes im Menschen. Manchmal bezeichnet Eckhart es als geschaffen, manchmal als ungeschaffen, je nach dem Aspekt, unter dem er es beleuchtet: unter dem Gesichtspunkt des ungeschaffenen, vorgängigen Verständnisses oder unter dem des geschaffenen, abgeleiteten Seins des Gottesbildes.[19]

Eine Kurzfassung, noch wahrscheinlicher eine Vorstufe zu jener Predigt Q 16 b (deshalb in Quints Ausgabe aufgenommen als Q 16 a) ist Eckhart im Inquisitionsprozeß vorgehalten worden, offenbar wegen der darin erklärten Bildlehre. Eckhart hat zu dem Vorwurf Stellung genommen.[20] Er war durchaus kritisch sich selbst gegenüber und hat sich Unklarheit vorgeworfen:

19 Vgl. A. M. Haas: Meister Eckhart. Mystische Bildlehre (Anm. 7); Wolfgang Wackernagel: Ymagine denudari. Éthique de l'image et métaphysique de l'abstraction chez Maître Eckhart. Paris 1991.
20 Vgl. dazu Loris Sturlese: Mystik und Philosophie in der Bildlehre Meister Eckharts. Eine Lektüre von Pred. 16a Quint. In: Johannes Janota u. a. (Hg.): Festschrift Walter Haug und Burghart Wachinger. Tübingen 1992, Bd. 1, S. 349–361.

»Was gesagt wird, ist unklar, und dies insofern, als es nicht aus den dort angeführten Beispielen erhellt.«[21]

Aber was er klarstellen will, geht nicht in die erwartete Richtung, nämlich daß das Bild Gottes geschaffen sei, sondern er betont im Gegenteil:

»Bild im eigentlichen Sinne und Ähnlichkeit sind weder gemacht noch Eigenschaft der Natur.«[22]

Mit anderen Worten: Im eigentlichen Sinn ist das Bild Gottes in der Seele ein Stück göttlichen All-Verstehens, und das kann nicht hergestellt werden, das ist immer schon da. Eckhart muß überzeugt gewesen sein, daß diese Lehre jeder theologischen, auch inquisitorischen, Nachprüfung standhalten werde.

Der Seelenfunke bei Meister Eckhart

Wenn Eckhart für die *imago Dei* die Bezeichnung »Seelenfunke« verwendet hat, dann war das mehr als nur eine Metapher. Das Wort und das Bild »Seelenfunke« (lat. *scintilla animae*) standen nämlich in der Theologie schon in Gebrauch.

»Seelenfunke« wurde in der voreckhartischen Tradition nicht gleichbedeutend zu »imago Dei« gebraucht. Beide Begriffe waren theologisch eingebettet. Dadurch kann Eckhart das Bezugsfeld »Funke« nun auch für das Gottesbild nutzen, wenn er Funken und Gottesbild gleichsetzt.

Der Seelenfunke ist im zweiten und dritten christlichen Jahrhundert aus der Stoa entlehnt worden,[23] die von

21 Die Übersetzung übernehme ich von Loris Sturlese: Mystik und Philosophie in der Bildlehre Meister Eckharts (Anm. 20), S. 352.

22 Übersetzung von Loris Sturlese, ebd., S. 352.

23 Vgl. Endre von Ivánka: Der ›Apex mentis‹ (1950). In: Werner Beierwaltes (Hg.): Platonismus in der Philosophie des Mittelalters (Anm. 1), S. 121–146.

einem beseelenden Lebensprinzip ausgegangen war und gegen die aristotelische Zergliederung der Seele deren Einheit betont hatte.[24] Wenn Gehör oder Erinnerung gebraucht werden, aktiviert die Seele demnach nicht eine besondere Teilfunktion, sondern die ganze Seele paßt sich den Anforderungen an, sie denkt ganz und fühlt ganz und erinnert sich ganz, notfalls auch gleichzeitig. Das kann sie schaffen, weil sie von einem Kraftzentrum getrieben wird, das gleichzeitig die Kommandozentrale der Seele ist. Die Lehre von einem belebenden und steuernden Seelenzentrum kennt in der Reihe der christlichen Denker zuerst Origenes (185–254), wahrscheinlich durch die Vermittlung von Seneca (ca. 4 v. Chr.–65 n. Chr.).[25] Origenes nennt das Lebenszentrum der Seele »Funke« und setzt es wiederum mit dem Logos des Menschen gleich.[26]

Die nächste wichtige Station in der Geschichte des Seelenfunkens ist der Kommentar des Bibelübersetzers Hieronymus (350–420) zum Buch Ezechiel. In diesem biblischen Buch werden (I,6–8) funkensprühende Gestalten mit vier Gesichtern geschildert, mit Stierfüßen, Flügeln und Menschenhänden. Hieronymus gibt verschie-

24 Seelenteile kennen auch Zenon und Chrysippos, aber sie werden nur als Ausläufer und Teilfunktionen des Lebensprinzips (des ἡγεμονικόν) der einen Seele verstanden. Belege bei Karl Schindler: Die stoische Lehre von den Seelenteilen und Seelenvermögen insbesondere bei Panaitios und Poseidonios und ihre Verwendung bei Cicero. Diss. München 1934, S. 14–19.

25 Vgl. Ilsetraut Marten (d. i. I. Hadot): Seneca und die griechisch-römische Tradition der Seelenleitung. Berlin 1969 (Quellen und Studien zur Geschichte der Philosophie), S. 148. Über Klemens, den Lehrer des Origenes, der seinerseits aus der stoischen Schule kam, können ebenfalls Gedanken der mittleren Stoa zu Origenes gelangt sein. Vgl. Ernst Holler: Seneca und die Seelenteilung und Affektpsychologie der Stoa. Kallmünz 1934 (Diss. München 1934), S. 44.

26 Vgl. Hans Hof: Scintilla animae. Eine Studie zu einem Grundbegriff in Meister Eckharts Philosophie. Lund/Bonn 1952, S. 164. Endre v. Ivánka: Der »Apex mentis« (Anm. 23), S. 132.

dene Deutungen dieser Gestalten an und legt sich schließlich auf eine fest, die in den vier Gesichtern die vier Evangelisten sieht und gleichzeitig vier Eigenschaften der Seele. Auf dieser Ebene ordnet er dem Adler, der über den anderen Tieren ist, das Höchste in der Seele zu; das nennt er mit dem griechischen Wort für »Bewußtsein, Gewissen« *syneidesis* und erklärt es mit der Formel *scintilla conscientiae* (»Funke des Bewußtseins/Gewissens«), denn *conscientia* ist das geläufige lateinische Übersetzungswort für griechisch *syneidesis*. Hieronymus meint hier das Höchste in der Seele, das beseelende Prinzip, das Origenes »Seelenfunke« genannt hatte; und er erklärt es als den Funken des Bewußtseins.

Die spätantiken christlichen Autoren von Origenes bis zu Augustinus und Hieronymus (die Zeitgenossen waren) konnten den stoischen Gedanken vom Seelenfunken nur in ihre philosophisch-theologischen Überlegungen einbauen, indem sie ihn platonisierten, indem sie ihn mit dem Neuplatonismus, der in der christlichen Tradition steckte, vermittelten. Im Kontext einer neuplatonischen Aufstiegslehre konnte aber das stoische ἡγεμονικόν nur auf eine Weise verstanden werden: als das Höchste, was die Seele hat. Auf diese Weise wurden für die nachfolgenden mittelalterlichen Autoren die Ausdrücke *apex mentis* (»Spitze der Seele«) und *scintilla animae* (»Funke der Seele«) austauschbar.[27]

Im 12. Jahrhundert haben die Viktoriner Origenes wiederentdeckt. Ungefähr gleichzeitig entstand in Laon ein Standardkommentar zur Bibel, der bis zur Reformation in Gebrauch geblieben ist und sich für die Ezechiel-Stelle I,6–8 auf Hieronymus berief. Merkwürdigerweise hat sich statt *syneidesis* an dieser Stelle *synteresis* eingeschlichen, was eigentlich »Bewahrung« hieß. Das war nun aber nicht mehr das Wort, das mit *conscientia* zu übersetzen ge-

27 Vgl. Ivánka: Der »Apex mentis« (Anm. 23), S. 138–140. Problematisierend Kurt Ruh: Geschichte der abendländischen Mystik, Bd. 3. München 1996, S. 68f.

wesen wäre. Bei Hieronymus war alles noch ganz einfach: Ganz oben in der Seele gab es einen Funken, der dafür verantwortlich war, daß ein Mensch seine Taten mit Bewußtsein tat. Er hatte einen griechischen und einen lateinischen Namen, die aber dasselbe bedeuteten. In dem Bibelkommentar von Laon war die Sache kompliziert geworden: Es gab ein Höchstes in der Seele, das mit einem unverständlichen Fremdwort *synderesis* hieß. Jetzt war die Begrifflichkeit überhaupt nicht mehr zu durchschauen. Im (falsch abgeschriebenen) Ezechiel-Kommentar stand jetzt: Die *synderesis* ist der Funke des Bewußtseins/Gewissens *(scintilla conscientiae)*. Ob ein Leser der Stelle nun griechisch konnte oder nicht, er mußte auf jeden Fall zu dem Schluß kommen, daß *synderesis* und Gewissen *(conscientia)* zweierlei seien. Dadurch wirkte die Bestimmung »die *synderesis*, der Funke des Gewissens« nicht mehr wie eine Wortübersetzung vom Griechischen ins Lateinische, sondern wie eine Definition.

Die Scholastik des 13. Jahrhunderts hat, unabhängig von Kontroversen im einzelnen, sich auf folgendes geeinigt: Die *synderesis* ist die sittliche Naturanlage und der Funke der Seele, von dem Origenes gesprochen hat. Die *conscientia* ist das Verstandesvermögen, das jede bewußt begangene Handlung plant und als gut oder böse bewertet.[28]

So hat auch Eckhart die Lehre von der *synderesis* kennengelernt, denn Thomas von Aquin hatte sie in seiner Frühschrift »Über die Wahrheit« ausgiebig im Verhältnis zum Gewissen behandelt, und zwar als eine sittliche Vorprägung der Vernunft. Das war eine Neuerung dieser Generation und ein Gewinn für die folgende, weil man plötzlich wußte, was der Funke im Alltag bedeuten könnte und wie die sittliche Handlung zustande kommt. Auf diesem Stand, von dem Eckhart ausgehen mußte, hatte der Seelenfunke allerdings nicht mehr viel vom

28 Übersicht bei Hans Reiner: Gewissen. In: Hist. Wörterbuch der Philosophie, Bd. III. Darmstadt 1974, Sp. 574–592.

göttlichen Feuer. Er war so sehr in den Funktionsrahmen der praktischen Vernunft und des Gewissens eingespannt, daß er zwar die Würde kontrollierten Handelns, aber kaum noch das Besondere der Inspiration tragen konnte.

Es ist Eckharts Verdienst und Leistung, die verschiedenen Diskursstränge wieder zusammengebracht und miteinander verflochten zu haben. Der Seelenfunke war das Höchste in der Seele, und wo sonst sollte das Bild Gottes sein, die *imago Dei*? Darauf kam nur eine Antwort in Frage: Der Seelenfunke *war selbst* die *imago Dei*. Er war der Ort der Anwesenheit Gottes in der Seele (als *apex mentis*, also insofern der Funke zur Seele gehörte). Gleichzeitig war er auch Gott in der Seele, Gottes Ebenbild. Die Teile der Seele und ihre besonderen Funktionen interessierten Eckhart wenig. Im Gegenteil: Wozu der Mensch sonst noch fähig ist und was er alles kann, das muß er wieder vergessen, um dem Höchsten in sich Raum zu geben. Er muß sich selbst vergessen, so wie er geworden ist nach Charakter, Erziehung und Erfahrung, um zu erfahren, wie reines Menschsein – das göttliche nämlich, wie bei Christus – geht; wenn es ganz still ist in ihm und sonst nichts redet, spricht seine *synderesis*. Das ist auch der Moment des mystischen Einsseins mit Gott, denn dann ist der Mensch so, wie Christus als Mensch war.

Was die Rolle der *synderesis* angeht, die jetzt wieder zum beseelenden Prinzip und zum göttlichen Anstifter zum Guten und Höheren wird, kehrt Eckhart damit gegenüber Thomas von Aquin zu Origenes und dessen platonisch-stoischen Denkmustern zurück. Daran wäre noch hundert Jahre vor Eckhart nichts Besonderes gewesen. Aber nun war die *synderesis* im herrschenden wissenschaftlichen Diskurs gerade in ganz andere Bezüge geraten. Durch Thomas von Aquin und seine Begriffssprache war die *synderesis* zum Schwesterbegriff von *conscientia* geworden. Sie wurde also mit Handlungskontrolle und praktischer Vernunft in Verbindung gebracht. So hat Eckhart sie genommen und wieder als beseelendes Prinzip begriffen;

er mußte dabei zwangsläufig wie einen siamesischen Zwilling die *conscientia* auf dem Rücken der *synderesis* mit in seine Texte nehmen und zumindest damit rechnen, daß die Leser sie mitlesen oder nach ihr fragen würden. Die Gleichung *Seelenfunke = imago Dei* erweitert sich bei Eckhart um zwei Gleichsetzungen: = *Vernunft* und = *Gewissen.* Vernunft muß der Seelenfunke sein, weil das Wirkprinzip der praktischen Vernunft *(conscientia)* nichts anderes sein kann als Vernunft. Gewissen *ist* der Seelenfunke im strengen Sinn noch nicht, sondern wird er in jedem gelebten Moment: Immer wieder regt die *synderesis* den konkreten Gewissensentscheid an.

Bestätigung und Korrektur: Tauler und Seuse

Obgleich Eckhart nach seiner Verurteilung nicht mehr in der offiziellen Schriftstellerliste seines Ordens stand, gab es unter den deutschen Dominikanern deutliche Stellungnahmen zu seinen Gunsten. Dabei haben sich zwei Autoren hervorgetan: Johannes Tauler und Heinrich Seuse. Beide haben sich explizit über die Bildlehre geäußert und dabei Eckharts Positionen gestützt, zum Teil auch zurechtgerückt. In den Konsequenzen und der Lebenslehre bieten sie Eigenes.

Johannes Tauler[29] wurde um 1300 in Straßburg geboren. Er entstammt einer Ratsherren-Familie und wurde mit ungefähr 14 Jahren den Dominikanern übergeben. In Straßburg gab es ein recht gutes Ordensstudium. Dort hat er bis ca. 1330 gelernt; zum Lektor war er offenbar nie ausersehen, sonst hätte man ihn nach Köln geschickt. Eckhart kannte er also auch nicht aus Vorlesungen, sondern aus dessen Straßburger Zeit als Vikar des Ordens (1323/24). Sein Anfang als Prediger stand nicht unter günstigem Stern: Zwar war die Aufregung um das Verbot

29 Zu Tauler vgl.: Louise Gnädinger: Johannes Tauler. Lebenswelt und mystische Lehre. München 1993.

der Beginenhäuser, das Johann von Zürich, der Bischof von Straßburg, 1309 erlassen hatte, allmählich abgeebbt. Dafür war nun, 1329, die Stadt gerade mit dem Interdikt belegt worden. Der bayerische König Ludwig lag in dauerndem Kampf mit dem Papst Johannes XXII., der in Avignon residierte und die Legitimität von Ludwigs Königswahl bestritt, um Ludwigs Ansprüche in Italien nicht anerkennen zu müssen. Deshalb bannte Johannes den König und untersagte allen ordinierten Geistlichen, in Ludwigs Land Messe zu lesen und Sakramente zu spenden. In Straßburg standen die Dominikaner auf seiten des Papstes (wogegen der König von berühmten Franziskanern unterstützt wurde, die dem Papst feind waren: Wilhelm von Ockham und Marsilius von Padua). Die Straßburger betrachteten das, nicht ganz zu Unrecht, als feindseligen Akt und wiesen die Dominikaner 1339 aus. Tauler ist 1338 bis 1342/43 in Basel gewesen; das war ein beliebter Exilort für papsttreue Geistliche aus dem Bayernland. Auch Heinrich von Nördlingen ist, aus demselben Grund, dorthin gegangen. Noch vor der offiziellen Beendigung des Interdikts kam Tauler nach Straßburg zurück. Er hat dort noch zwei Pestwellen und mindestens zwei Judenpogrome erlebt, ehe er 1361 starb.

Taulers Votum zugunsten von Meister Eckhart ist berühmt: »Darüber lehrte euch und sprach zu euch ein liebenswerter Meister, und davon versteht ihr nichts. Er sprach aus der Ewigkeit, und ihr versteht es zeitlich.«[30] Ein einziges Mal nennt er Eckhart mit Namen, und aus dieser Stelle geht hervor, wie wichtig für Tauler hier die Anknüpfung an Eckhart in der Sache ist: denn erstens war es wenig üblich, lebende oder jüngst verschiedene Zeitgenossen mit Namen zu nennen (stilvoll benannte man nur eindeutig ihre Positionen, und die Kundigen

30 Die Predigten Taulers. Aus der Engelberger und der Freiburger Handschrift ... hg. von Ferdinand Vetter. Berlin 1910 (DTM 11) = im folgenden: Tauler ed. Vetter. Predigt V 15, S. 69,26–28 (übersetzt).

wußten dann Bescheid); und zweitens gehörte Eckhart nicht mehr zu den offiziellen Schriftstellern des Ordens. Die Erwähnung steht in der Predigt 64 der Edition von Vetter und bezieht sich auf die Würde und den Rang des Seelenfunkens oder Seelengrundes, also der *synderesis*:

> »Von diesem inneren Adel, der in dem Grunde [der Seele] verborgen liegt, haben viele Gelehrte gesprochen, alte und neue: Bischof Albrecht, Meister Dietrich, Meister Eckhart. Der eine nennt es einen Funken der Seele, der andere einen Boden oder Gipfel, einer ein Prinzip, und Bischof Albrecht nennt es ein Bild, in dem die heilige Dreifaltigkeit nachgebildet ist und in dem sie liegt.«[31]

Bischof Albrecht – das ist der dominikanische Gelehrte Albertus Magnus (um 1193–1280), der kurze Zeit Bischof von Regensburg war und der in deutschen Predigten oft Albrecht heißt. Der Punkt, in dem sich Tauler explizit auf Eckhart beruft, betrifft Eckharts Lehre vom Seelenfunken; zugleich schlägt Tauler die Brücke zur *imago Dei*-Lehre, wenn er referiert, daß für Albertus Magnus das Etwas in der Seele die *imago trinitatis*, das Abbild der Dreieinigkeit ist (übrigens nichts Besonderes, sondern auch die Meinung des Augustinus).

Die *imago Dei*-Debatte muß für das 14. Jahrhundert sehr erregend gewesen sein, und sie war offenbar mit Eckharts Prozeß keineswegs erledigt. Tauler erklärt sich in aller wünschenswerten Klarheit:

> »Von dem Adel dieses Bildes kann niemand eigentlich sprechen, denn Gott ist in diesem Bild, und es ist dieses Bild selbst unbildlich.
>
> Davon sprechen die Gelehrten recht viel, und sie suchen dieses Bild in manchem naturhaften und wesentlichen So-Sein. So sagen alle Gelehrten, daß es eigentlich in den obersten Kräften ist, Gedächtnis und Verstand und Wille. [...] Professor Thomas sprach, daß die Vollkommenheit dieses Bildes von der Tätigkeit die-

31 Tauler ed. Vetter (Anm. 30), V 64, S. 347,9–14 (übersetzt).

ses Bildes abhänge, von der Übung der Seelenkräfte, also von tätigem Wiedererinnern, tätigem Verstehen und tätiger Liebe; dann läßt er das in diesem Sinne auf sich beruhen.

Aber nun sprechen andere Gelehrte, und das sind unzählig viele und weit darüber, und sie sagen, daß es in dem allerinnersten, allerverborgensten tiefsten Grund der Seele liegt, weil sie das in dem Grunde hat: Gott. Dem Wesen nach, der Tätigkeit nach und dem Sein nach. In dem [Grunde] wirkt Gott und ist er, und er geht mit sich selbst um darin, und man könnte Gott ebenso wenig von dort absondern als von sich selbst. Das kommt von seiner ewigen Ordnung, daß er es so gefügt hat, daß er sich nicht herauslösen kann oder will. Und so hat dieser Grund so in sich alles das von Gnade, was Gott von Natur hat.«[32]

Das ist einerseits ein klares Bekenntnis zur deutschen Dominikanerschule,[33] zu Dietrichs von Freiberg Neuansatz in der Frage nach dem Gottesbild, dem auch Eckhart gefolgt ist. Anderseits ist es eine orthodoxe Eckhart-Interpretation oder, wenn man will, eine Korrektur Eckharts: Wie Eckhart lehrt Tauler, daß der Seelenfunke die natürliche Anwesenheit Gottes im Menschen bedeutet, aber er räumt sofort ein: Das geschieht von Gnade. Heute überliest man das leicht, damals wog der Satz über die Gnade schwer. Gnade galt nämlich als geschaffen, und wenn der Seelengrund die göttliche Natur gnadenhalber hat, dann

32 Tauler ed. Vetter (Anm. 30), V 60d, S. 300,6–24 (übersetzt). Vgl. Sturlese: Tauler im Kontext. Die philosophischen Lehren des Seelengrundes in der Lehre des deutschen Neuplatonikers Berthold von Moosburg. In: Beiträge zur Geschichte der deutschen Sprache und Literatur. Tübingen, 109 (1987), S. 390–426, hier S. 399f.

33 Loris Sturlese sieht in den klaren Konturen der Kölner Dominikanerschule auch den Grundriß zu einer besonderen Entwicklungslinie der deutschen Theologie und Philosophie im späten Mittelalter. Vgl. dazu: ders.: Die deutsche Philosophie im Mittelalter. Von Bonifatius bis zu Albert dem Großen. München 1993.

ist er jedenfalls nicht ungeschaffen und gleichewig mit Gott – daß er die Ungeschaffenheit gelehrt habe, war Eckhart vorgeworfen worden.[34]

Auch Heinrich Seuse hat in das Zentrum seiner korrigierenden Verteidigung Eckharts die Bildlehre gestellt.[35] Er hat dazu besonders klar im »Büchlein der Wahrheit« Stellung genommen, der Schrift, die ihn wahrscheinlich sein Lektorenamt in Konstanz gekostet hat.[36] Mit Johannes Tauler ist er sich in der konsequenten negativen Theologie einig; auch für Seuse ist das Verstehen selbst, das Eckhart Gott genannt hatte, mit dem reinen Nichts identisch. Im 1. Kapitel des »Büchleins der Wahrheit« bringt Seuse beide Bestimmungen: Gott als »ewiges Nichts« und als »lebendes, seiendes, existierendes Denken«.[37] Die *imago Dei* hinwiederum versteht er im Einklang mit der vorscholastischen Tradition über den Seelenfunken, also als die mystische Potenz im Menschen, die die Einheit mit Gott herstellt. Das sind die Prämissen, die ihn zu folgender Stellungnahme zur Bildlehre führen:

34 Er hat beides gelehrt, die Geschaffenheit und die Ungeschaffenheit. Dazu gibt es umfangreiche Literatur, die aufgearbeitet ist bei Niklaus Largier: Bibliographie zu Meister Eckhart. Freiburg (Schweiz) 1989, und Largier: Meister Eckhart. Perspektiven der Forschung. In: ZfdPh 114 (1995), S. 29–98.

35 Die Pole der theoretischen Sicht auf Seuse sind erkennbar an Loris Sturleses Einleitung zu: Heinrich Seuse. Das Buch der Wahrheit. Kritisch hg. von Loris Sturlese und Rüdiger Blumrich. Übersetzt von R. Blumrich. Hamburg 1993, S. IX–LXIX; anderseits Alois Maria Haas: Kunst rechter Gelassenheit. Themen und Schwerpunkte von Heinrich Seuses Mystik. Bern [u. a.], 2., durchges. Aufl. 1996. Ergänzende Perspektive: Markus Enders: Das mystische Wissen bei Heinrich Seuse. Paderborn 1993 (Veröff. des Grabmann-Institutes 37).

36 Vgl. Sturlese (Anm. 35), S. XVIIIf.

37 Übers. von R. Blumrich in ed. Sturlese/Blumrich (Anm. 35), S. 9. Originaltext, ebd., S. 8; vgl. auch: Heinrich Seuse. Deutsche Schriften, hg. von K. Bihlmeyer. Stuttgart 1907, S. 329,6 und 329,14.

»EINE FRAGE: Geschieht die Vereinigung der Seele in ihrem Wesen oder in ihren Kräften?

ANTWORT: Das Wesen der Seele wird mit dem Wesen des Nichts vereint und die Kräfte der Seele mit dem Wirken des Nichts, das dieses in sich selbst hat.«[38]

Es ist ganz eindeutig, daß es hier um die Vereinigung mit Gott geht. Gleichzeitig ist die Frage, ob die Seelenkräfte oder das Seelenwesen die Einheit mit Gott herstellen, die zentrale Bekenntnisfrage der *imago Dei*-Lehre nach Thomas von Aquin und nach Dietrich von Freiberg. Wem soll man sich anschließen? Seuse antwortet vermittelnd: Das Wesen der Seele vereinigt sich mit dem Wesen Gottes – dann muß es sein Wesensabbild sein, sonst käme ja keine Vereinigung zustande. Das ist die gemeinsame Linie Dietrichs und Eckharts, jenseits aller Unterschiede zwischen beiden. Anderseits sagt Seuse auch: Der Akt der Seelenkräfte vereinigt sich mit dem göttlichen Tun, und das klingt wie eine Zustimmung zu Thomas. Nur ist der Akt der Seelenkräfte dem Wesen der Seelen nicht mehr akzidentiell, sobald man in die Formel des Thomas den Gottesbegriff Seuses einsetzt. Nach Thomas liegt die *imago Dei* in der Tätigkeit der Seelenkräfte. Wenn nun Gott das Erkennen ist, dann ist die *imago Dei* das Abbild oder Ebenbild des Erkennens. Es ist sehr plausibel, daß dieses Bild in der Tätigkeit der Seelenkräfte liegt.

Seuse achtet also bei seiner Stellungnahme darauf, zu zeigen, daß der Haupteinwand gegen Thomas von Aquin in der Diskussion nach 1300 (nämlich daß das Gottesbild in der Seele nicht akzidentiell entstehen kann) wegfällt, sobald man wie Eckhart Gott als das reine Erkennen bestimmt: Das Bild einer Tätigkeit ist wieder eine Tätigkeit. Sie macht das Wesen der Seele aus, aber ist auch zugleich die Tätigkeit der Seelenkräfte. Das ist geschickt, denn so hat er Thomas mit Eckhart verteidigt, als sei es nicht Eckhart, der die Verteidigung nötig habe.

38 Übers. von R. Blumrich in ed. Sturlese/Blumrich (Anm. 35), S. 45–47. Originaltext, ebd., S. 44–46; vgl. auch ed. Bihlmeyer (Anm. 37), S. 347,13–17.

Warum Vernunftmystik?

Eine Vernunftmystik, wie Eckhart und Seuse sie vertreten haben und wie sie von Dietrich von Freiberg zumindest vorbereitet worden ist, steht quer zu allen Klischees vom Mystischen als dem Schwerverständlichen, Dunklen, Irrationalen. In der philosophisch-theologischen Dominikanerschule wiederum steht sie quer zum Thomismus, es mangelt ihr entschieden an Handhabbarkeit und Operationalisierbarkeit, in manchen Fragen auch an Eindeutigkeit. Sie ist doppelt fragwürdig. Vor dem Hintergrund eines Mystikverständnisses, das sich an Autoren wie Bernhard von Clairvaux oder Wilhelm von St. Thierry orientiert, muß man fragen: Wozu braucht man Vernunft in der Mystik? Vor dem Hintergrund einer vernünftig argumentierenden Philosophie und Theologie fragt man sich umgekehrt: Wozu braucht man Mystik für die Lehre von der Vernunft?

Auf die erste Frage – was die Vernunft in der Mystik zu schaffen habe – gibt die Tradition, die von Richard von St. Viktor begründet wurde, eine Antwort: Vernunftmystik ermuntert zu dem Versuch, Gottes Gedanken zu denken. Sowohl um der Selbstrelativierung willen als auch zur Horizonterweiterung ist dieser Versuch, sich selbst und die eigene Welt zu transzendieren, für den einzelnen wie für die Gemeinschaften notwendig. Vernunftmystik beschreibt den Mechanismus der Hypothesenbildung für ungelöste Probleme: Man muß der höheren Welt ihre Gesetze und ihre Sprache ablauschen, um sich recht zu ihr zu verhalten. Die Dominikanermystik ist die erste klassische Beschreibung dieses Denktyps, der für die moderne Naturforschung größte Bedeutung gewinnen sollte.

Aber was brachte die Mystik für die Lehre von der Vernunft? Die hier vorgeschlagene Antwort heißt: Mystik bedeutet in der vernunftzentrierten Doktrin der Dominikaner des 13. Jahrhunderts eine Bewahrung der Vernunft vor ihrer Instrumentalisierung.

Um die Mitte des 13. Jahrhunderts hatte der Dominikanerorden bereits zwei hervorragende Gelehrte hervorgebracht, die, indem sie voneinander lernten und sich voneinander abgrenzten, das Ideal einer vernunftgeleiteten Existenz zeitgemäß entwarfen. Das waren Albertus Magnus (Albert der Große, um 1193–1280) und Thomas von Aquin (1224/25–1274). Sie knüpften an den Ausspruch des Hugo von St. Viktor an: »Lerne alles, du wirst später sehen, daß nichts überflüssig ist; ein eingezwängtes Wissen macht keinen Spaß« (Didascalicon 6,3). Besonders Albertus Magnus orientierte sich auch an Hugos enormer Vielfalt an Wissensgebieten. Thomas seinerseits legte die vernunftgerechten Vorzüge des Christenglaubens in einer großen Schrift (»Summe gegen die Heiden«) dar: Man glaubte auch in Glaubensdingen argumentieren zu können und zu sollen. Auch wenn in diesem Versuch an mancher Stelle nicht vorbildlich fair argumentiert wurde – immerhin hatte Bernhard von Clairvaux hundert Jahre zuvor noch gefragt, ob es nicht besser sei, Abaelard mit Knüppeln auf das Lästermaul zu schlagen, als ihm mit Argumenten zu begegnen.[39] Die leidvolle Erfahrung von fünf mehr oder weniger fehlgeschlagenen Kreuzzügen (1096–1099; 1145–1149; 1187 bis 1192; 1204; 1228–1229) bot kaum Grund, weiterhin auf Gewalt als Mittel zur Lösung religiöser Konflikte zu setzen. Vielmehr gab es jetzt eine neue Hoffnung. Westeuropa hatte zwar nicht Jerusalem aus den Händen der Heiden befreit, sich aber von ihnen die vielen und wichtigen Schriften des Aristoteles und seiner Kommentatoren schenken lassen, die in den Christenländern verlorengegangen waren. Die Sprache der Logik und der

39 »Müßte nicht ein Mund, der solches spricht, eher mit Knüppeln geschlagen als mit Vernunftgründen zum Schweigen gebracht werden?« Ep. 190 (Traktatbrief gegen Abaelard), übers. von Josef Schwarzbauer: Bernhard v. Clairvaux: Sämtliche Werke lat./dt., hg. von G. B. Winkler. Bd. 3, Innsbruck 1992, S. 96, lat. S. 92,25–26.

metaphysisch argumentierenden Philosophie, die ja auch bei den Heiden geachtet war, diente jetzt hier zur Apologie des Christentums, während sie sich dort bei den Gelehrten an großen Höfen mit der muslimischen Religion verband. Hatte man damit nicht eine Universalsprache des Geistes gefunden, in der sich die Geltungsansprüche beider Seiten ausdrücken und messen konnten und die endlich durch den Zwang ihrer Struktur den Unterlegenen drängen würde, die Position des vormaligen Gegners zu übernehmen: Disputation statt Krieg?

In die Aufgabe, zu zeigen, wie man von Aristoteles lernen kann, ohne zum Ketzer zu werden, wuchsen bis zur Mitte des 13. Jahrhunderts die Dominikaner hinein. Sie waren seit der Gründung ihres Ordens (1215) geradezu auf den Umgang mit dem Feuer spezialisiert, auch im Alltag sollten sie ja ein Gegengewicht zu den religiösen Bewegungen der Ketzer schaffen. Es lag nahe, daß sie dasselbe Ziel: Überbietung der Stärken des Gegners und Bloßstellung seiner Schwächen, auch auf dem Gebiet der Lehre anstrebten. Das galt gegenüber den Katharern wie gegenüber den muslimischen Heiden. Die großartige Vision von einer universalen (nicht nur abendländisch-christlichen) Gültigkeit von Argumenten, die in den Werken des Albertus und Thomas aufscheint, sollte das europäische Denken nachhaltig verändern. Zum ersten Mal waren auch die Ansprüche, die im Namen des Glaubens erhoben wurden, auf den Prüfstand der Vernunft gestellt worden – der historische Prototyp von »Aufklärung« war geschaffen.[40]

Als Kehrseite gehörte zu der Doktrin des vernünftigen, metaphysisch begründeten Christentums – die Inquisition. Wer sich im Besitz der Wahrheit weiß, fühlt sich eher im Recht dazu, den anderen, der abweichend lehrt, zu bekämpfen – zuerst mit Argumenten; aber wenn jener

40 Vgl. Kurt Flasch und Udo Reinhold Jeck (Hg.): Das Licht der Vernunft. Die Anfänge der Aufklärung im Mittelalter. München 1997.

sich halsstarrig zeigte, dann glaubte man Gewalt üben zu dürfen und zu müssen. Die Vernunft, die sich eben gerade das Recht erobert hatte, in Glaubensdingen mitreden zu dürfen, wurde von den Sachwaltern der Glaubensorganisation sofort dafür eingesetzt, deren Standpunkt zu befestigen und zu vertreten.

Die Mystik innerhalb des Dominikanerordens ist von Anfang an Vernunftmystik. Sie setzt erst gegen Ende des 13. Jahrhunderts ein, viel später als bei den Franziskanern, die im Gefolge des Franziskus eine starke mystische Tradition schon am Anfang des Jahrhunderts haben. Die dominikanische Mystik ist jedoch nicht etwa eine nachholende Bewegung, sondern sie erwächst aus der eigenen Tradition des Ordens – natürlich mitten in den Auseinandersetzungen dieser bewegten Zeit. Man kann die Dominikanermystik, deren Haupt Meister Eckhart ist, als den Versuch begreifen, die metaphysisch gebrauchte, aber dabei instrumentalisierte Vernunft wieder Bescheidenheit zu lehren – und zwar nicht rückwärtsgewandt, nicht so, daß wieder die affektive Unvernunft auf die Kanzel steigen kann; vielmehr indem die menschliche Vernunft bis an ihre äußersten Grenzen geführt wird, wo sie darüber nachsinnen muß, wie sie darüber hinauskommen kann. Wer seine eigenen Grenzen kennt, ist weniger unduldsam gegen andere. Die Intellektmystik der Dominikaner, besonders der deutschen – Eckhart, Tauler, Seuse –, ist eine Kritik an der instrumentalisierten Vernunft einer eingerichteten Welt und einer streitsüchtigen Kirche. Es ist kein Zufall, daß im Dominikanerorden um 1300 kein Mystiker Inquisitor und kein Inquisitor Mystiker war.

Die Sinne der Seele

Der Leib als Problem

Dem Christentum des Mittelalters ist der Leib verdächtig, nicht nur in der Mystik. Das Mißtrauen dem Leib gegenüber hat biblische Grundlage: Römer 7,23: »ich sehe aber ein ander Gesetz in meinen Gliedern, das da widerstreitet dem Gesetz in meinem Gemüte«, ist eine der Schlüsselstellen. Der Leib gilt als Antrieb zu vielfältigen Verirrungen, als Störfaktor im Bemühen um geistige Vervollkommnung. Die Körperverdrängung im Leben führt dazu, daß unausgesetzt über den Körper gesprochen wird, die einfachsten und natürlichsten Regungen sind, weil sie als Sünden gelten, beichtpflichtig und damit sprachpflichtig.

Anderseits wird die Auferstehung der Toten auch leiblich begriffen, und die Höllenstrafen werden zumindest fürs Volk als Leibstrafen geschildert, obgleich ja eine körperlose Seele eigentlich keine körperliche Pein spüren kann.[1] Diese Art, mit dem Körper umzugehen, kehrt den empirischen Befund um: Der Lebende soll sich idealerweise verhalten, als habe er keinen Leib, aber für den Toten soll man um die Seele fürchten, als könne ein Teufel ihr am Leibe schaden. Das ideale Leben wird leiblos, der Zustand nach dem Tod körperhaft modelliert.

1 Vgl. Jacques Le Goff: Die Geburt des Fegefeuers. Vom Wandel des Weltbildes im Mittelalter. Dt. von Ariane Forkel. München 1990.

Brautmystik

Wenn die Seele im Jenseits körperlich empfinden kann, zumindest so, als sei sie körperlich, dann muß sie das im Diesseits auch schon können, denn die Seele verändert sich in ihrem Wesen nicht durch den Tod. Auch für solche Erwägungen gibt es biblischen Anlaß: »Es wird gesät ein natürlicher Leib und wird auferstehen ein geistlicher Leib. Gibt es einen natürlichen Leib, so gibt es auch einen geistlichen Leib« heißt es über die Auferstehung der Toten 1. Kor. 15,44.

Auf der Erwägung, daß es gewissermaßen einen Leib der Seele gebe, baut die Brautmystik auf. Sie räumt natürlich ein, daß es sich nur um Gleichnisrede handle und daß selbstverständlich die Seele keine Arme habe, um zu umarmen, keinen Mund, um zu küssen. Aber die Vorstellung vom Seelen-Leib ist durch das immer wieder ausgelegte Hohe Lied sanktioniert und wird ganz geläufig: Die Seele ist eine Frau, die sich dem himmlischen Bräutigam hingeben will. Das sagen und illustrieren auch Männer. Von der Hoheliedauslegung Bernhards von Clairvaux war schon mehrfach die Rede; auch Bonaventura ist nicht besonders zurückhaltend:

> »Siebtens sollst du dich wegen der Tatkraft in der Liebe, die dem Bräutigam eigen ist, an ihn hängen und dich so mit ihm verbinden, daß du sagen kannst: ›Gott anzuhangen ist mein Glück‹ [Ps. 73,28].«[2]

Nur Richard von St. Viktor scheint von anderem literarischem Temperament gewesen zu sein. Zwar hat auch er einen Kommentar zum Hohen Lied verfaßt.[3] Doch er hat

2 Bonaventura: De triplici via, lat./dt., übers. und eingeleitet von Marianne Schlosser. Freiburg [u.a.] 1993 (Fontes Christiani 14), Kap. 3,6, S. 154,15–17. Die Übersetzung von Marianne Schlosser S. 155 habe ich zugrunde gelegt, aber verändert, denn die Wiedergabe von *fortitudo amoris* mit »die Liebe ist stark« glättet die Stelle.

3 Edition: PL 196, Sp. 403–524.

die Gewohnheit der Hoheliedexegese gleichzeitig etwas befremdet reflektiert:

»Solche Worte klingen scheinbar ein wenig fleischlich, und doch ist geistig, was durch sie umschrieben wird. [...] ›Deine Nase ist wie der Turm des Libanon, der nach Damaskus schaut, dein Haupt dem Karmelberge gleich‹ [Hohes Lied 7]. Wenn man dieses und vieles andere hört oder liest, so scheint es sehr lieblich zu sein, und doch finden wir in alledem, wenn wir allein dem buchstäblichen Sinn folgen, nichts, was wir würdig bewundern müßten. Und doch ist in solchem Wort etwas, was wir freudig umfangen, weil wir wegen der lieblichen, sozusagen Einfältigkeit des Buchstabens gezwungen werden, zur geistigen Sinndeutung unsere Zuflucht zu nehmen.«[4]

Zuflucht nehmen! Das klingt nach großem Unbehagen bei der Interpretation der Liebesszenen, auch wenn Richard wußte, daß die Vorstellung von der weiblichen Erotik der Seele biblisches und patristisches Gut ist. Denn eine mittelalterliche Erfindung ist das erotische Bild, in der Männer Gott gegenüber in die Frauenrolle geraten, nicht; Jes. 62,5 sieht Israel in der Rolle der Braut, und sowohl Origenes als auch Gregor von Nyssa deuten die Braut des Hohen Liedes als die Seele des Menschen, das heißt für sie: auch und vor allem die Seele des Mannes.[5] Allerdings lebte diese erotische Bildlichkeit bis zur Zeit Bernhards von Clairvaux nur in wenigen handgeschriebenen Büchern, sie wurde nur selten gebraucht. Dann brach das literarische Zeitalter der Liebe an.

In Bernhards Jahrhundert, dem zwölften, ist in Liedern und Romanen von Liebe (auch von liebenden Körpern) die Rede bis zum Überdruß. Die europäischen Höfe schei-

4 Richard von St. Viktor: Benjamin minor, Kap. 24. Übersetzung von Paul Wolff. Ders.: Die Viktoriner. Mystische Schriften. Wien 1936, S. 156f. Lat. Text: PL 196, Sp. 17 A, B.

5 Vgl. Peter Dinzelbacher: Brautmystik. In: ders. (Hg.): Wörterbuch der Mystik. Stuttgart 1989, S. 71f.

nen sich, wenn man der Literatur glauben wollte, mit nichts anderem zu beschäftigen. Die Dichtung über Liebe bringt vielfältige, artifizielle Formen hervor. Auch in den Klöstern entsteht durch Bernhards Wiederbelebung der Hoheliedexegese eine Liebesliteratur. Sie ist literarisch etwas einfacher strukturiert, aber in ihren Rollenangeboten und Rezeptionsmöglichkeiten überraschend.

Wenn ein Mönch von sich zu denken oder zu empfinden wagte, daß seine Seele im Brautbett Christi läge, dann betraf ihn diese Vorstellung oder Empfindung der übernatürlichen Berührung im Kern seiner selbst. Die Seele war sein wesentliches Ich. Daß sich ein Mann im Kern seiner selbst und bejahend als Frau sieht, geliebt und eingenommen vom überlegenen Bräutigam, das gibt es in der gleichzeitigen weltlichen Literatur nicht. Ja: zwischen Gott und Mensch ist genau diese Art von Liebe theologisch einleuchtend. So entstand im Schatten theologischer Notwendigkeit und im Schutz der spätantiken Autoritäten in der ausschließlichen Männerkultur der Klöster ein Diskurs über die geistliche Liebe, der dem weltlichen Liebesdiskurs, wie er an den Höfen in Liedern und Romanen gepflegt wurde, verblüffend ähnelte, der ihn thematisch ergänzte, nämlich um die gegengeschlechtige Imagination des eigenen Selbst, um akzeptierte Möglichkeiten für Männer, mit weiblichem Empfinden zu begehren.

Die Frauenklöster und religiösen Bewegungen von Frauen eigneten sich die literarische Erfindung »Brautmystik« schnell an. Sie übernahmen diese Denkformen, als seien sie nicht für Männer gemacht. Schon bei Männern wie Bernhard oder Wilhelm von St. Thierry wird, wenn sie über Brautmystik sprechen, die Grenze zwischen sprechendem Ich und begehrender weiblicher Seele nur gezogen, um sogleich in Frage gestellt zu werden. Wenn nun eine Frau vom Begehren ihrer weiblichen Seele sprach, verwischte sich die Grenze vollends, die Erotik der Gottbegegnung zeigte sich entwaffnend direkt. Wenn Mechthild mit der ganzen Radikalität ihres geistlichen Anspruchs ihrer dichterischen Begabung freien Lauf läßt, dann sieht man den Seelenkörper sprühen und glühen. Der folgende Dialog, in dem zuerst Gott zur Seele redet, entspinnt sich im »Fließenden Licht der Gottheit« zwischen Gott und Seele (I,19–20):

Du bist mein sanftestes Lagerkissen,
mein liebstes Bett,
meine heimlichste Ruhe,
mein tiefstes Verlangen,
meine höchste Ehre.
Du bist eine Lust für mein Gottsein,
ein Durst für mein Menschsein,
ein Bach für meine Hitze.[6]

Du bist mein Spiegelberg,
meine Augenweide,
ein Verlust meiner selbst,
ein Sturm auf mein Herz,
ein Heimfall der Beherrschung, die ich aufgebe,
meine höchste Bürgschaft.[7]

Wenn ein guter Übersetzer sich lange in die Verse »seines« Dichters eingehört und schließlich den Ton dafür in seiner Muttersprache gefunden hat, kann es mitunter sein, daß er irgendwann einen eigenen Gedichtband publiziert, und siehe, die Verse klingen wie die Übersetzungen, nur haben sie kein Original. Diesen Eindruck hat man bei Mechthild: Sie ist so eingetaucht in die Vorstellungswelt des Hohen Liedes, daß sie es selbst auf deutsch hat weiterdichten können. Mechthild reproduziert die

6 Hans Neumann (Hg.): Mechthild von Magdeburg »Das fließende Licht der Gottheit«. Nach der Einsiedler Handschrift in kritischem Vergleich mit der gesamten Überlieferung. Bd. 1: Text, besorgt von Gisela Vollmann-Profe, München/Zürich 1990. Buch I, Kap. 19, S. 15 (übersetzt).
7 Mechthild ed. Neumann, Bd. I, Kap. I,20, S. 15 (übersetzt).

Situation von Brautmystik frei, ohne ständigen Rückgriff auf den Text des Hohen Liedes. Sie schreibt Liebesdichtung. Dadurch erscheinen die klaren erotischen Bilder, die sie findet, kühn und ungeheuerlich, obgleich das Hohe Lied selbst auch kühn und ungeheuerlich ist – aber das hatten diejenigen, die im Mittelalter überhaupt Bibeltext memorieren oder lesen konnten, nur mit Auslegung kennengelernt, es war gewissermaßen schon beim Kennenlernen neutralisiert worden. Mechthild blieb in der Bildlichkeit des Hohen Liedes, aber was sie dichtete, setzte nicht bei jedem Hörer oder Leser sogleich den Automatismus der Erinnerung an gelehrte Kommentare oder an auslegende Predigten in Gang. Deshalb konnte der buchstäbliche Sinn von Mechthilds Text nicht sofort wegspiritualisiert werden. Ein Beispiel:

»›Ja, Herr, liebe mich so, daß es weh tut. Liebe mich oft, und liebe mich lange! Denn je näher deine Liebe dem Schmerz kommt, um so reiner werde ich; je häufiger du mich liebst, um so schöner werde ich; je länger du mich liebst, um so heiliger werde ich hier auf Erden.‹

›Daß ich dich bis zum Schmerz liebe, das habe ich aus meiner Natur, denn ich selbst bin die Liebe. Daß ich dich oft liebe, das habe ich von meinem Begehren, denn ich begehre, daß man mich bis zum Schmerz liebt. Daß ich dich lange liebe, das kommt von meiner Ewigkeit, denn ich bin ohne Ende und ohne Anfang.‹«[8]

Solche Dialoge zwischen Seele und Gottheit sind theologisch so bedenklich oder unbedenklich wie das Hohe Lied selbst, aber dennoch treten hier die erotischen Assoziationen ungleich stärker hervor, weil der Text nicht vernutzt und nicht vorab ausgelegt ist.

Bei Mechthild erweckt der Text den Eindruck, die Empfindungen der Seele seien mit dem Leib vorgekostet, sie reichen bis in den Leib hinein, der vom Seelenleib nicht klar geschieden werden könne, zumindest in der

8 Mechthild ed. Neumann (Anm. 6), Bd. I, Kap. I,24, S. 20 (übersetzt).

Wahrnehmung der mystisch begabten Frau nicht. Mechthild scheint auch an der Unterscheidung von Seelenleib und wirklichem Leib wenig interessiert. Sie spricht ja auch eigens von den Sinnen der Seele:

»Es ist ein wunderbarer und ein hoher Weg, darauf wandelt die Seele, die ihren Bund mit Gott hält, und geleitet ihre Sinne nach wie der Sehende den Blinden.«[9]

Die reine Geistseele geht voran und zieht die Sinne der Seele nach. Was sind Sinne der Seele? Also hat die Seele doch wohl auch einen Körper, wenn sie Sinne hat? Daß nach der Scheidung in Leib und Seele noch einmal eine Scheidung in Seelenseele und Seelenleib kommen soll, erinnert an die vielfache Verschachtelung, in der man sich sieht, wenn man zwischen zwei einander spiegelnden Spiegeln sitzt: Das Bild im Spiegel im Spiegel im Spiegel ... wie die Seele im Leib im Leib im Leib? Hat jede Geistform am Ende wieder einen zugehörigen Leib? Das sind Fragen, zu denen Mechthilds Dichtung hinleitet. Und wenn sich auch nicht leicht erschließen läßt, welche theoretische Antwort darauf in Mechthilds Sinn gewesen wäre, so kann man doch die Richtung angeben: Mechthild stellt die traditionelle Scheidung von grobem Leib und vornehmer, spiritueller Seele in Frage. Sie stattet die Seele mit einem irdisch fühlenden Leib aus, und obgleich das eigentlich ein anderer hierarchischer Grad von Leib ist, nobilitiert sie damit auch den wirklichen Leib, der dadurch nicht mehr als grundsätzlich schlecht, sondern nur noch als unveredelt erscheint.

Auch andere Mystikerinnen schreiben über Leibliches so, daß man nicht weiß und vielleicht auch nicht wissen soll, welche Organe die Sinne des Seelenleibes erfassen – oder umgekehrt, wie die sinnlichen Wahrnehmungen spirituelles Erleben auslösen können. Margaretha Ebner beschreibt in ihren »Offenbarungen« ihr Verhältnis zu Kreuzen und Figuren des Gekreuzigten:

9 Mechthild, ed. Neumann (Anm. 6), Bd. I, Kap. I,26, S. 21,2f. (übersetzt).

»Wenn ich ging, dann hatte ich ein Kreuz an mir. Dazu hatte ich ein kleines Buch, da war auch ein Herr am Kreuz. Das schob ich heimlich lose in den Busen, und wo ich ging, da drückte ich es an mein Herz mit großer Freude und mit unmäßiger Gnade. Und als ich dann schlafen wollte, da nahm ich den Herrn, den an dem Büchlein, und legte ihn unter mein Gesicht. Außerdem trug ich einen Herrn am Hals, der reichte mir bis aufs Herz. Dazu stahl ich eines Nachts ein großes Kreuz und legte es auf mein Herz, und da lag ich dann gedrückt, bis ich in großer Gnade einschlief. Nun hatten wir einen großen Kruzifixus in dem Chor. Dort hatte ich die größte Begierde, ihn zu küssen und an mein Herz zu drücken wie die anderen. Da war er mir zu groß und zu hoch. Es erfuhr damals niemand von mir etwas darüber, nur eine Schwester. Die wollte mir nicht dazu verhelfen, weil sie fürchtete, es würde meiner Menschennatur zuviel.«[10]

Dieses sinnliche Verhältnis zu den Christusfiguren muß Margarethas wirkliche Erlebnisse nichts angehen und kann reine Literatur sein. Aber ehe sie das werden konnte, mußte zuerst jemand auf die Idee kommen, daß solche Einzelheiten zum Leben einer begnadeten Frau gehören und daß man sie von ihr erzählen sollte, um ihre Begnadung zu zeigen. Jedenfalls ist auch hier der eigene Körper der Ausläufer und die empfindsame Hülle des Seelenkörpers, vielleicht sind beide auch ein und derselbe. Für Margarethas eigenes Bewußtsein handelt es sich jedoch um ein rein seelisches Geschehen. Sie nimmt, zumindest in ihrem reflektierenden Bewußtsein, die körperlichen Affektionen als Empfindungen ihres Seelen-Leibes wahr, den sie – wie Mechthild – voraussetzt. In den Denk- und Verhaltensformen von Brautmystik konnten sich Frauen literarisch und im Leben körperlich zu Gott

10 Philipp Strauch (Hg.): Margaretha Ebner und Heinrich von Nördlingen. Ein Beitrag zur Geschichte der deutschen Mystik. Freiburg/Tübingen 1882, S. 20,25–21,12 (übersetzt).

zu verhalten, aber die Mitwirkung des Leibes an dem empfundenen Glück mußte dem Seelenleib zugerechnet werden. Das mußte den Frauen selbst glaubhaft sein, sie wollten weder sich noch andere betrügen. Wenn jemand, was damals allerdings nicht üblich war, die glückliche Frau über ihre Strategien der Sublimierung und Verlagerung von Libido aufgeklärt hätte, wenn er sie gezwungen hätte zuzugeben, daß die Lust ihres Leibes sie glücklich gemacht habe, dann hätte er sie aus den Höhen ihres spirituell-leiblichen Glücks in die tiefste Verzweiflung über ihre Sündhaftigkeit gestürzt.

Noch einmal: Die Glücksmomente dieser Frauen waren keine mit Selbstbetrug inszenierten Ersatzhandlungen. Im Gegenteil: Gemessen an der harten Realität ehelicher oder ehefreier Verbindungen im Mittelalter, war die Erlebniswelt der Brautmystik ein Refugium der kultivierten Sinnlichkeit, ein Schutzraum der Erotik. Was eine Frau auf diesem Wege erleben konnte, stand ihr sonst in der Regel nicht zu Gebote. Christus zu begehren und durch ihn glücklich zu sein, dafür mußte sich keine Frau schämen, auch dann nicht, wenn sie alt oder krank war. Die Selbsttechniken zu entwickeln, die diese Liebe im Körper ankommen lassen, galt als vorbildlich und stand nicht unter Verdacht. Es war ein Glück, das zu suchen nie erniedrigte, sondern immer erhöhte. Weil dieses Glück sich wesentlich dem geistlichen Streben zu Gott verdankte, war es nicht in sich gebrochen wie das weltlich lebender Frauen, die in einem lastenden Leben unter Hausherrngewalt noch die wenigen Momente ihres Glücks selbst als sündhaft beargwöhnten, weil sie glaubten, sie später im Fegefeuer bezahlen zu müssen. Brautmystisches Einheitsgefühl war dagegen ein glücklicher Zustand der ganzheitlich gefühlten Übereinstimmung mit dem eigenen Telos, etwas, was in dieser leibseelischen Komplexität sonst in der mittelalterlichen Welt nirgendwo zu haben war.

Dennoch: Mit klarem Blick betrachtet, wie vielleicht die anderen Schwestern im Kloster, vielleicht auch die

Beichtväter gesehen haben, blieb die irdisch-körperliche Empfindung der fraulichen Seele eine fragwürdige Angelegenheit, literarisch wie alltäglich. Schließlich behaupteten Frauen, die über brautmystische Erlebnisse sprachen oder schrieben, daß ihnen besondere Gnade erwiesen worden sei. Damit erhoben sie implizit religiöse oder literarische Geltungsansprüche. Im Mittelalter fragte man nach: Ist es wirklich die Seele, die spricht? Genießt sie rein und unvermischt mit der Welt das Göttliche? Würde nicht vielmehr eine rein geistige Seligkeit den Körper völlig übergehen? Heute würde man dieselben Fragen anders gewendet formulieren: Wenn die Seele so körperlich erlebt wird – was wird dann aus dem wirklichen Körper? Er tritt ja zum imaginierten (und empfundenen) Seelenkörper in ein Konkurrenzverhältnis, und wenn die Brautmetaphern wirklich nur auf die Seele bezogen sind, dann stünde theoretisch der Körper als Uneigentliches dem Eigentlichen im Weg.

Margaretha Ebner stellt das Erleben der fraulichen Seele, also die Nachbarschaft des Leibes und der leiblich gedachten Seele, tatsächlich an anderer Stelle als gebrochen dar. Leib und Leib der Seele kooperieren in ihren »Offenbarungen« nicht immer so bruchlos wie in ihrem Verhältnis zur Christusfigur. So schreibt Margaretha:

> »Ich merkte auch, wenn mein Herr mit mir im Schlaf scherzte, daß mir dann eine Regung von körperlichem Widerwillen unterlaufen wollte. Da wurde ich dann deshalb betrübt und geriet dann in das größte Leid, daß ich Gott meinen Willen nicht gab und ihm nicht lebte in Gedanken, in Worten, in Werken und in aller Losgelöstheit.«[11]

Hier kommt es auf jedes Wort an. Das mittelhochdeutsche Verb *schimpfen*, das oben mit »scherzen« übersetzt ist, bedeutet: Kurzweil treiben, spielen, scherzen. Welche Kurzweil treibt Christus mit dem träumenden und darüber sprechenden Ich? Es kommt nur die Situation in Frage,

11 Philipp Strauch: Margaretha Ebner (Anm. 10), S. 9,18–23.

für die Gen. 26,8 das Wort prägte: »daß Isaak scherzte mit Rebekka, seiner Frau«. Margaretha sagt aber nicht: »mit meiner Seele scherzte«, sondern: »mit mir scherzte«. In der Sicht auf die brautmystische Situation wird also keine Grenze gezogen, die Umarmung der Seele ist die Umarmung der ganzen Person. Nun wechselt Margaretha die Perspektive, sie schildert ihre Reaktion im Traum so, wie sie sich nur nach dem Aufwachen darauf besonnen haben kann: Sie bemerkt an ihrem Traum-Ich den Impuls zu körperlicher Abwehr, aber sie macht den Widerwillen zum Subjekt des Teilsatzes, nicht das Ich: »Mir wollte eine Regung von körperlichem Widerwillen unterlaufen« (mhd.: *mir [...] etwaz liplichs unmuots wolt wider varn*), nicht etwa: »ich wehrte mich«. Die Abwehr gehört zeitlich noch in den Traum, der erwähnte Leib gehört zum Traum-Ich, die Rechenschaft darüber in den Wachzustand. Jetzt folgt die Rechenschaft über die Rechenschaft: Natürlich weiß Margaretha, daß eine Seele glücklich zu sein hätte, wenn sie mit dem himmlischen Bräutigam die Freuden der Liebe erfährt. Sie wirft sich nicht etwa vor, zwischen sich und ihrer Seele nicht genügend zu unterscheiden, sondern sie wirft sich vor, sich mit dem Körper ihres Traum-Ich gegen die Liebe des himmlischen Bräutigams gewehrt zu haben. Nicht daß sie ihre Seele körperlich erfühlt, ist ihr Problem, sondern daß der Seelenkörper nicht fühlt, wie er soll. Sie sieht nicht oder sagt nicht, daß das nicht anders denkbar ist, weil der Seelenkörper in seinen Sinnenempfindungen auf den wirklichen Körper als Gleichnis und Organ angewiesen ist. Sie hat mit ihrer genauen Beschreibung den Schlüssel zum Problem, ob und wie der Seelenkörper überhaupt zu erspüren sei, schon in der Hand, aber sie legt ihn wieder weg wie ein gleichgültiges Ding. Statt eines Vorwurfs an die Theologen, die Nicht-Lebbares lehren, bewirkt das Erlebnis einen Selbstvorwurf: Sie habe sich nicht gänzlich in Gottes Willen ergeben.

Margaretha zeigt an dieser Stelle, wie schwierig ihr die brautmystische Nachbarschaft von Leib und leiblich gedachter Seele wird: Der wirkliche und der spirituelle Leib ergänzen einander nicht, sondern sie stehen einander im Wege.

Aber ist es möglich, den Brautstand der Seele so unkörperlich zu empfinden, daß man sicher sein kann, der Leib habe nichts zur Seligkeit beigesteuert? Kann das Glück dann dennoch bräutlich sein, also doch zumindest dem Bild nach körperlich? Hat denn der Mensch dafür ein anderes Wahrnehmungsorgan und eine andere Äußerungsform als seinen Körper?

Dafür gab es keine Lösungen. Die geistlichen Frauen suchten – wie Margaretha – diese Fragen im Selbstversuch zu beantworten. Sie versuchten den Leib von der Seele und vom Seelenleib zu unterscheiden und gingen dabei davon aus, daß man den Leib dafür bestrafen müsse, wenn er sich in der Wahrnehmung vor den Seelenleib und die Seele schiebt. Das führte sie in letzter Konsequenz von der Brautmystik weg und zur Leidensmystik hin. Margaretha Ebner z. B. betrachtete ihre Krankheiten als Leidensaufgabe. Wenn sie nicht krank gewesen wäre, hätte sie sich wohl gegeißelt:

> »Ich habe keine größere Bußübung mit Geißelungen oder mit anderen schwierigen Dingen auf mich genommen als die, die mir Gott in seiner Güte mit schwerer Krankheit gab.«[12]

Das Mit-Leiden mit Christus

Wer von der Brautmystik her denkt, dem erscheint die Leidensmystik als die peinvolle Konsequenz aus dem Verdacht gegenüber dem glücklichen Leib. Aber die Leidensmystik ist keine innere Entwicklung in den Frauenklöstern oder Beginengemeinschaften, keine Antwort auf die brautmystische Auslegung des Hohen Liedes. Leiden

12 Ph. Strauch (Hg.): Margaretha Ebner und Heinrich von Nördlingen (Anm. 10), S. 5,14–16.

als Weg zu Gott – so wurde die Heiligkeit vieler Märtyrer in ihren Legenden begründet. Schon im frühen Mittelalter hatten Mönche freiwilliges, mit Geduld ertragenes Leiden als Zeichen heiligen Lebens aufgefaßt. Die Berührung mit Christus im Leiden galt als eine Vorübung oder gar als eine Form der *unio mystica,* die Übereinstimmung im Leiden bereitete die Angleichung des Wesens vor. Der Leidende empfand sich selbst, je mehr er litt und darin Jesus glich, als gottnah. Jesu Geist wurde im Leiden zum Vater erhoben und verewigt; so hoffte und erwartete auch der Asket, daß das Leiden seines Leibes die Erhöhung seines Geistes bewirken werde.

Diese Form mystischen Erlebens konnte, wenn sie sich auf körperliches Leiden gründete, nie so unmittelbar zu Gott sein wie die Brautmystik, denn das Leiden widerfuhr dem verachteten Körper, die *unio* mit Gott erfuhr die Seele. Leidensmystik ist deshalb immer auf eine innere Übersetzung von der Sprache der leiblichen Sinne in die Sprache der körperlosen Seele angewiesen. Wie hart sich Mystiker auch immer kasteiten – das Leiden blieb stets ein Nach-Erleben, Mit-Erleben des Leibes mit dem Leib, es war deshalb, wenn man von der Seele her dachte, immer nur eine Parallele, nie das Unmittelbare, das ihre Seele von Gott aus betraf.

Männern war immerhin die Identifikation mit dem leidenden (männlichen) Leib Christi unmittelbar möglich. Diese Art, Christus zu erfühlen, forderte ihnen keine gegengeschlechtige Identifikation ab. Frauen, die sich kasteiten, litten dagegen mit ihrem Frauenleib. Sie trafen mit dem Erleben Jesu also erst auf der Ebene reinen Leides oder eines geschlechtsneutralen Menschenleibs zusammen, auf einer Abstraktionshöhe, die sinnlicher Erfahrung nicht mehr zugänglich war. Für die Frauen war die Analogie zum leidenden Jesus vorstellbar, aber nicht wirklich erfahrbar.

Diese Grenzen möglicher *imitatio Christi* in der Leiderfahrung hätte zu einer geschlechterspezifischen Trennung der Askesetechniken führen müssen, wenn die Nähe zum Leiden Christi allein für wichtig gehalten worden wäre. In der spirituellen Lehre vom Wert des Leidens wurde das nachahmende Leiden jedoch als Spezialfall begriffen, das Leiden an sich als Wert. Heinrich Seuse schreibt im »Buch der ewigen Weisheit«:

> »Leiden läßt die Sünde ablegen, mindert das Fegfeuer, vertreibt die Anfechtung, läßt Mängel verschwinden, erneuert den Geist; es bringt mehr Zuversicht, ein lauteres Gewissen und steten hohen Mut.«[13]

Jedes Leiden, auch das unfreiwillige, hat danach spirituellen Wert, weil es zur Verachtung der Welt anleitet. Doch spricht Seuse auch über harte Selbstkasteiungen.[14] Seuse erzählt in der »Vita« vom Diener der ewigen Weisheit (das ist die autobiographisch-hagiographische Hauptfigur):

> »Er suchte manche Technik und große Verbesserung darin, wie er den Leib dem Geist untertänig machen konnte. Ein härenes Hemd und eine eiserne Kette trug er werweißwie lange, bis das Blut von ihm niederrann, so daß er sie ablegen mußte. Er ließ sich heimlich ein härenes Unterkleid machen und in das Unterkleid einnähen, darin waren hundertfünfzig spitzige Nägel eingeschlagen […]«[15]

Seine breite Schilderung der Selbstfesselung, des Ertragens von Ungeziefer an den Wunden, des Schlafentzuges, der blutigen Selbstgeißelung und der beständigen Verwundung mit einem Nagelkreuz (Vita, Kap. 15 und 16) über-

13 Heinrich Seuse, Büchlein der Ewigen Weisheit, Kap. XII. Übersetzung von Georg Hofmann aus: Heinrich Seuse: Deutsche mystische Schriften. Aus dem Mittelhochdeutschen übertragen und hg. von Georg Hofmann. Düsseldorf 1986, S. 258. Originaltext: Heinrich Seuse. Deutsche Schriften. Hg. von K. Bihlmeyer. Stuttgart 1907, S. 251,21–24.

14 Vgl. die Kapitel »Leiden im Zeichen des Kreuzes« und »Unkörperlichkeit – Körperlichkeit« in: Alois Maria Haas: Kunst rechter Gelassenheit. Themen und Schwerpunkte von Heinrich Seuses Mystik. Bern [u.a.], 2. Aufl. 1996, S. 159–177 (konzentriert auf Seuse, mit vorzüglichem Überblick in den Fußnoten).

15 Vita, Kap. 15, Heinrich Seuse ed. Bihlmeyer (Anm. 13), S. 39,7–11 (übersetzt).

schreitet für heutige Begriffe eindeutig die Grenze des guten Geschmacks, vielleicht sogar die der seelischen Gesundheit; für ihn selbst und seine Zeit stand die Angemessenheit dieser Selbstversuche nicht im Zweifel, strittig war allenfalls deren Ausmaß. Bezeichnenderweise kommt die Einsicht, daß der Weg der Vollkommenheit geistig beschritten werden muß, dem Diener der ewigen Weisheit erst, als er seine Gesundheit bereits zugrunde gerichtet hat:

> »Als der Diener ein solches Leben der Bußübungen nach dem äußeren Menschen, wie sie oben zum Teil beschrieben sind, von seinem 18. bis zum 40. Jahr geführt hatte und seine ganze Natur verwüstet war, so daß nicht anderes übrigblieb als zu sterben oder von solchen Bußübungen abzulassen, da ließ er davon, und ihm wurde von Gott gezeigt, daß die Härte und die Selbstbestrafungsarten allesamt nichts anderes gewesen seien als ein guter Anfang und ein Durchbruch seines ungebrochenen Menschen.«[16]

In Seuses Darstellung wird man durch Leiden nicht glücklich. Glück scheint ihm ohnehin verdächtig zu sein. Das Leiden ermöglicht aber einen gewissen Selbstgenuß der sittlichen Vorzüglichkeit, der erlaubt ist, weil es eigentlich die göttliche Vorzüglichkeit ist, die man genießt (nachdem man sie sich durch Nachfühlen und Nachleben zu eigen gemacht hat). Der Genuß Gottes im übereinstimmenden Leiden ist kein bräutlich beseligender, sondern ein sittlich aufwertender.

Ein eindrückliches Beispiel weiblicher Leidensmystik findet sich bei Elsbeth von Oye, einer Dominikanerin aus dem Kloster Ötenbach bei Zürich (ca. 1290–1340), aus deren eigener Hand ein Manuskript auf uns gekommen ist.[17]

16 Vita, Kap. 18, Seuse ed. Bihlmeyer (Anm. 13), S. 52,5–53,2.

17 Solange die angekündigte Edition nicht erschienen ist, stütze ich mich auf den Aufsatz (mit Textauszügen): Peter Ochsenbein: Die Offenbarungen Elsbeths von Oye als Dokument leidensfixierter Mystik. In: Kurt Ruh (Hg.): Abendländische Mystik im Mittelalter. Stuttgart 1986, S. 423–442.

Was sie an Grausamkeiten gegen sich selbst schildert, gleicht in erstaunlicher Weise den schrecklichen Selbstversuchen des Seuseschen Dieners der ewigen Weisheit: Geißelung, Erdulden von nagendem Ungeziefer, Selbstfesselung. Auch Elsbeth erzählt von einem Nagelkreuz. Während es bei Seuse zwischen den Schulterblättern des Dieners liegt und regelmäßig zur Selbstbestrafung ins Fleisch getrieben wird, scheint Elsbeth ihn noch überbieten zu wollen: Sie schildert das Kreuz so groß, daß sie es mit dem Gürtel festschnallen kann, und als beständige, nicht nur gelegentliche Peinigung. Es sieht tatsächlich so aus, als hätte Elsbeth von Seuse gelernt, was zum Inventar eines leidensmystischen Weges gehört.[18] Aber Elsbeths Werk ist früher als das Seuses entstanden, allenfalls gleichzeitig mit diesem.[19] Außerdem ist es hochgradig unwahrscheinlich, daß ein entpflichteter Dominikanerlektor, der die Regeln für die Publikation eigener Werke nur zu gut kennt, seine Schrift einer Dominikanerin früher mitteilt als dem Provinzial, den er vor der Veröffentlichung nachweislich um Erlaubnis gefragt hat.[20] Elsbeths Autograph dagegen ist mit Sicherheit zensiert, also auch von anderen gelesen worden, wohl noch bei ihren Lebzeiten.[21] Das

18 Vgl. Ochsenbein (Anm. 17), S. 424.
19 Elsbeths Autograph wird auf ca. 1320 bis 1340 datiert, vgl. Ochsenbein (Anm. 17), S. 425. Seuse hat den Teil über die Kasteiungen in der »Vita« wahrscheinlich nicht vor seinem 40. Lebensjahr geschrieben, denn er erklärt (Vita, Kap. 18, ed. Bihlmeyer (Anm. 13), S. 52,5–9) die selbstquälerische Lebensphase der Person, die seine Selbststilisierung ist, mit dem 40. Lebensjahr für abgeschlossen. Mit der Arbeit an den betreffenden Stellen der »Vita« darf also nicht vor ca. 1335 gerechnet werden. Elsbeth ist spätestens um 1350 gestorben.
20 Seuse hat nach der Exemplar-Vorrede dem Provinzial Bartholomäus von Bolsenheim (gest. 1362) Proben aus dem Werk zu lesen gegeben, der Provinzial hat aber bei Lebzeiten nur noch einen Teil des Werkes approbieren können. Vgl. A. M. Haas: Kunst rechter Gelassenheit (Anm. 14), S. 14.
21 Ochsenbein (Anm. 17), S. 426.

bedeutet: Wenn die beiden Texte etwas miteinander zu tun haben (und nicht unabhängig voneinander aus dem gemeinsam verfügbaren Folterinventar der Heiligenlegenden und frühchristlicher Askesetradition schöpfen),[22] dann ist es historisch wahrscheinlicher, daß Seuse Kenntnis von Elsbeths Schrift erlangt haben könnte, als daß umgekehrt sie sein Werk im Entstehen begleitet haben könnte. Was hätte er von ihr lernen können? Stil wohl kaum, geschweige denn Theologie. Der Zensor hat die Schrift geradezu unlesbar gemacht, so groß sind die Rasuren.[23] Aber die Hauptidee kann den Zensor nicht gestört haben, daß Elsbeth nämlich das blutige Leiden als eine Art geistiger Blut- und Knochenmarksgemeinschaft mit Christus, geradezu als *unio*-Erlebnis, darstellt. Hier hat er nicht eingegriffen:

> »›Den blutenden Schmerz deines Kreuzes‹,
> sagt Christus zu dem beschriebenen Ich,
> ›leidest du allein mit Hilfe der lebenden Macht meines Markes, und deshalb hat er keinen Ort als im tiefsten Grunde meiner göttlichen Natur. Wie ich in Ewigkeit von meines Vaters Herzen mein göttliches Wesen und meine Natur gesogen habe, so saugt dein Kreuz aus mir das süße Mark meiner Natur. Wegen des peinigenden Schmerzes deines Kreuzes will ich mein wesentliches Tun in dir haben, und in dem wesentlichen Tun werde ich geboren werden in dem innersten Grund deiner Seele […]‹«[24]

Heinrich Seuse wiederum mag sich von den Martern, die sich Elsbeth ausgedacht hatte, beeindruckt gezeigt haben.

22 Zu den erstaunlichen Übereinstimmungen in der Schilderung blutiger Einzelheiten in verschiedenen Nonnenviten: Walter Blank: Die Nonnenviten des 14. Jahrhunderts. Eine Studie zur hagiographischen Literatur des Mittelalters unter besonderer Berücksichtigung der Visionen und ihrer Lichtphänomene. Diss. Freiburg i. Br. 1962, S. 16–33.

23 Vgl. Ochsenbein (Anm. 17), S. 440f.

24 Ochsenbein (Anm. 17), S. 441 (übersetzt).

Aber die blutige, vampirisch saugende Verschmelzung war ihm wohl doch unheimlich. Jedenfalls hat Seuse denselben Martern einen ganz anderen Stellenwert gegeben: weg von der hohen Erwartung der *unio*-Erfahrung, zurück zur Vorläufigkeit der Selbstvorbereitung. Indem er Askese und Selbstverwundung in seine geistliche Lebensbeschreibung einbaut, erkennt er sie als Wege zur Vollkommenheit an; gleichzeitig schreibt er seinem »Diener der ewigen Weisheit« die Einsicht zu, daß Übung im Leiden allenfalls etwas für geistliche Anfänger sei.[25] So hatte auch Eckhart geurteilt: Der wirkliche Weg zu Gott ist ein geistiger Weg.

25 Dem Leser des Buches stellt sich die Entscheidung der literarischen Figur – gegen die Fortsetzung der zerstörerischen Askese, die den Tod bedeutet hätte, und für den Fortgang der geistigen Vervollkommnung ohne solche Kasteiung – auch als Warnung vor einem Irrweg dar.

Personenregister

RECLAM-BIBLIOTHEK

Kulturphilosophie

Herausgegeben von Ralf Konersmann
376 Seiten. RBL 1554. 28,– DM
ISBN 3-379-01554-7

Die Kulturphilosophie ist »vielleicht das fragwürdigste und am meisten umstrittene Gebiet« (Ernst Cassirer) der Philosophie überhaupt. Wer sich auf die ›immanente Unendlichkeit‹ der kulturellen Tatsachen theoretisch einläßt, muß auf Zumutungen gefaßt sein. Wir können die Phänomene der Kultur erhellen, doch eindeutig fixieren lassen sie sich nicht.

Ein Studienbuch mit Texten von Alain, Pierre Bourdieu, Ernst Cassirer, Arnold Gehlen, Clifford Geertz, Antonio Gramsci, Ralf Konersmann, Claude Lévi-Strauss, Herbert Marcuse, Odo Marquard, Erich Rothacker, Herbert Schnädelbach, Georg Simmel und Paul Valéry.